小学校国語科授業アシスト

学習プロセスがよくわかる！

深い学びを実現する 書き換え学習の授業づくり

やさしくできて効果的な言語活動

寺井正憲 編著
船橋国語教育の会 著

明治図書

はじめに

このたび，小学校における国語教育の充実・発展をめざし，日々研究実践に取り組んでいる船橋市の先生方が，自らの実践を広く公開すべく一冊の本にまとめました。

指導にあたってくださったのは，長い間，船橋市の国語教育の研究推進に携わっていただいている千葉大学の寺井正憲先生です。

この実践集を出すきっかけとなったのは，平成25年11月に船橋市立海神南小学校を会場に開催された「第42回全国小学校国語教育研究大会　千葉県（船橋）大会」です。大会の開催に向け，本格的な準備に入ったのが平成24年４月。千葉県教育研究会船橋支会国語部の100名を超える先生方が「チーム船橋」の名のもと，一丸となって大会の準備に奔走した１年半でした。

その「チーム船橋」の中心となり大会運営に携わりながら，自ら公開授業や実践発表を行い，大会を成功に導いた先生方を始め，大会をきっかけに新たな授業づくりを行ってきた先生方が，その資料を船橋市国語教育の財産として残すべく，今回の実践集の執筆にあたりました。

今や，国語教育は学校教育の要であると言っても過言ではありません。各教科のねらいの一つでもある「言語力の向上」は，その中心的役割を国語科が担います。

また，今後の国際化社会の中では，論理的思考力（考える力）が重要であり，自分の考えや意見を論理的に述べる力も求められます。それらの力を根底で支えるのが語彙力であるとも言われています。その語彙力の育成も国語科の重要な役割です。

さらに，現代は以前にも増してコミュニケーション力が求められています。ご承知のとおり，人と人とのコミュニケーションは主に言語を媒介とします。つまり，言語力を高めることは人間関係形成能力を高めることにもつながります。特に，「話す力」「聞く力」「話し合う力」の育成はコミュニケーション力の育成そのものであり，論理的思考力の育成とともに国語教育の大きな目標の一つとも言えます。併せて，小学校段階では，「聞く」「話す」「読む」「書く」のうち，「読む」「書く」が確実に身に付くようにすることが大切とも言われています。

このような言語力の育成にあたり，国語科においては授業の改善が急務であり，とりわけ単元のねらいに即した，適切で充実した言語活動の実践が必須です。

そのような中，本実践集は言語活動を「書き換え」に絞り，18実践を掲載しています。前述したとおり，この実践集は船橋市における国語教育の財産とすべく発刊をするものですが，市内外を問わず国語教育の充実・発展を志す多くの方々にも参考としていただければ幸いです。

結びに，本実践集の発刊にあたり，細部にわたるまで丁寧なご指導を賜りました寺井正憲先生に心より感謝の意を表します。

平成28年11月吉日

第42回全国小学校国語教育研究大会　千葉県（船橋）大会　実行委員長
（元船橋市立海神南小学校長）　川上　忠

もくじ

第1章

深い学びを生み出す書き換え学習

―編集活動としての有効性―

1　言語活動としての書き換え学習

新学習指導要領では，深い学びを生む学習指導が重要な課題とされている。国語科では，言語活動を通して一連の言語運用の学習プロセスを組織する授業づくりが行われてきた。教師のねらいを達成する効果的な言語活動の授業が行われる一方で，発問で誘導する指導を前段で行い後段で意欲づけのために言語活動を行う授業や，漠然と活動して何をねらっているのかよくわからない授業など，質の高くない言語活動の授業も多く，学習指導の不断の見直しが求められるようになっている。

言語活動の授業づくりに習熟するには，まずは易しい言語活動の授業づくりから始めるのがよい。例えば，音読劇のような易しい言語活動でも，何度も音読することで場面の様子や人物の心情を理解し，またほとんど全文を覚えてしまう。学力に問題のある中低位の学習者には，発問－応答と話し合いの授業よりも学習の歩どまりがよい。

このような易しく効果的な言語活動の授業づくりを学ぶためには，まずは「書き換え学習」に取り組んでみるのがよい。日本国語教育学会『国語教育総合事典』（朝倉書店，2011）の「書き換え，翻作学習，リライト」（寺井正憲執筆）の項には，

> 主に読むことの学習指導や書くことの学習指導において，既存のテクスト（表現物）を別のテクストに作り変える活動のことをいう。この活動を通して，文章をはじめとした様々なテクストを理解する学習や，文章を書くことをはじめとした新しいテクストを創造する様々な表現の学習を成立させることができる。また，その過程で文字や表記，語句，文，文章などの言語事項に関連する学習も成立する。これらの学習に加えて，対象や自己，関係に関わる認識能力も育成される。書き換えは，学習を主体的，能動的なものにし，子どもたちにとって楽しく意味のある学習を成立させる。（512頁）

とあり，読む能力，書く能力，国語に関する知識・技能などを一体的に高める学習効果があるとされる。言語生活を振り返ってみても，私たちは見本を参考にまねたり形を変えたりして，手紙や書類，その他さまざまな表現物を書いており，実生活に役立つという点からも書き換え学習の重要性は高い。

また，先の引用からもわかるが，書き換え学習を効果の上がる言語活動の授業づくりとする理由は，読む学習を表現する学習と一体的に行う点である。本来，読む活動は頭の中における内在的な営みだが，表現によって内在的なものを可視化させ，それによって読む能力の質・量や難・易などを意図的に調整して教えやすくすることができる。加えて，表現することを目的に能動的に読むという主体的な学習プロセスも生じるので，教師の力量に左右されにくく，学習の効果を高めやすく損ないにくい。

2 先行研究と書き換え学習の特質

書き換え学習は，1980年代から少しずつ試みられ，90年代に実践が増え，2000年代前半に複数の研究者によって実践研究の著作物が出版された。その後，2007年から始まる全国学力・学習状況調査で，書き換えを使った調査問題が何度も出され，書き換え学習に対するニーズは高まってきている。ここでは関連する文献①～⑪を取り上げ，先行研究を概観しておきたい。

①青木幹勇『第三の書く』国土社，1986／②青木幹勇編『授業が変わる「第三の書く」』国土社，1987／③青木幹勇編『「第三の書く」の授業展開』国土社，1993／④大内善一編『書き足し・書き替えの作文の授業づくり』（『実践国語研究（別冊）』第156号）明治図書，1996

昭和52年版学習指導要領では理解と表現の関連指導が示され，数多くの実践研究が行われた。特に，読解の学習に書く活動を持ち込んで理解を深める実践が数多くなされた。文献①，②，③は，青木幹勇による「第三の書く」の提案である。第一の書くが書写の学習，第二の書くが作文の学習，そして第三の書くが読むことに書くことを活かす学習である。第三の書くには，視写や聴写，書き抜き，書き込み，書き足しなどに加えて，書き換え学習に当たる「書替え」が示されている。この「書替え」では，文章の総合的理解が目指されており，物語の登場人物の視点から書く変身作文，詩歌の散文化などが行われる。文献②，③では，これらの方法を多様に変化させた実践，例えば物語や説明文の変身作文，物語の事典づくり，物語の歌詞づくりなど（以上，文献②），物語の変身作文，物語のシナリオ化，伝記の新聞づくりなど（以上，文献③）が行われている。発問―応答と話し合いによる読解指導に対する批判的な立場から，書き換え学習によって中低位の学習者にも確かな学びを保証することが目指されている。文献④は，大内善一らが第三の書くの考え方を書く学習指導に活かした実践集である。

⑤首藤久義『書くことの学習指導―場を作り，個に即して，書く生活を助ける―』編集室なるにあ，1994／⑥首藤久義・卯月啓子『ことばがひろがるⅠ―楽しい国語，生活に生きる国語―』東洋館出版社，1999／⑦首藤久義『書くことの学習支援―場を作り子に即して書く生活の向上を助ける―』東洋館出版社，2004／⑧桑原隆監修，首藤久義・卯月啓子編著，桑の実会著『翻作法で楽しい国語』東洋館出版社、2004

首藤久義は，青木と同様に早くから受動的な読解指導を批判し，一人一人の学習者に能動的で確かな学習が成立するように，青木幹勇や大村はまらの書き換え実践を整理し，書き換えを「翻作」とし，その指導方法を「翻作法」として提案した。「翻作」は，首藤の造語である。

文献⑤，⑥，⑦によれば，翻作法は，基本的にプロジェクト・メソッドの考え方に基づき，学習者が目的を持ち，計画を立て見通しを持って活動を遂行し，目的に照らして結果を反省的に評価するプロセスを取る。一般的に書き換え学習では，このようなプロジェクト・メソッドの特質を備えており，学習者が主体的，能動的に学習に取り組めるようになっている。

翻作の方法について，首藤は「原作の本文を変えないで表現する翻作を『なぞる翻作』とし，原作の本文に何らかの変更を加える翻作を『変える翻作』」（文献⑧，14頁）とするとしている。「なぞる翻作」には，音読などの「音声で表現」，視写などの「文字で表現」，音楽や映像，身体などの「言語以外での手段で表現」，以上を複合した「多様な組み合わせによる表現」があるとする。また，「変える翻作」には，「縮める／伸ばす／箇条書きにする／散文表現を韻文表現に変える。または，その逆／古典語による表現を現代語による表現に変える／方言による表現を共通語による表現に変える／固い調子の表現を砕けた調子の表現に変える―（中略）―／説明的文章を物語にしたり，インタビュー記事風の文章にしたりする／視点を変えて物語を書きかえる―（中略）―」（文献⑧，16頁）などがあるとする。

通常，書き換えは「変える翻作」とされがちだが，「なぞる翻作」は音読や視写という基本的な学習法を取り，目的の実現のために意欲的に視写したり何度も読み返したりする。一人一人の学習者に読み浸り書き浸る時間が保証され，それが中低位層の学力向上につながる。例えば，卯月啓子（文献⑥，205頁以下）は，説明文教材を全文視写し各段落に挿絵を描くことで視写絵本に書き換え，目次，前書き，後書きを付けている。視写し挿絵を描く活動で精読する学習が成立し，目次や前書き，後書きを書く活動で要点や要旨を要約する学習が成立している。

⑨井上一郎編著『多様な読みの力を育てる文学の指導法　低学年／中学年／高学年（全３巻）』明治図書，1996／⑩井上一郎編著『国語力の基礎・基本を創る―創造力育成の実践理論と展開―』明治図書，2005

井上一郎は，「創造的な学習を展開するときに，…読書したテクストを書き換えることで子どもなりの自己表現を求めていく方法がある」（文献⑩，36頁）とし，書き換えにはパラフレーズとリライトがあり，「パラフレーズ（PARAPHRASE）は，言語能力の中に位置する言語操作力を活用し，原文の構造，機能，法則性，などを発見するために新しい内容を付加せずに書き換えること。主に表現の一部を対象として操作する。リライト（REWRITE）は，言語能力の中に位置する言語運用力を活用し，原文の読書行為をふまえて，ある執筆目的のために，創造的に原文を書き換えること。原文の全文及び一部が対象となる。」（文献⑩，36頁）とする。例えば，文献⑨（第１巻・低学年編）では「たぬきの糸車」の実践が示され，民話集を読んで，民話を学習者の住む福岡県筑後地方の方言で書き換えている。

また，種々の優れた表現，好きな表現，使ってみたい表現，身に付けたい表現を活かして，「引用や抜粋などによる，言わば，編集によって生かしていく方法と，自己表現の一部に組み込んで使いこなしていく方法がある。」（文献⑩，38頁）ことを「活用」としているが，書き換えを広く編集活動と捉えるとき，これらの活用も書き換え学習の一環と見なされる。

⑪府川源一郎・髙木まさき／長編の会編著『認識力を育てる「書き換え」学習　小学校編／中学校・高校編（全２巻）』東洋館出版社，2004

髙木まさきは，書き換えについて「１．学習の成果として得られる認識の変容は，既有の認識の一種の『書き換え』と見なすことができる。／２．この認識の『書き換え』は，通常の読書などでも引き起こされるが，より効果的かつ学び手に自覚的に行わせるためには，所与のテキストを何らかのテキストを参照しつつ『書き換え』ることが有効である。」（文献⑪小学校編，１頁）とする。そして，「所与のテキスト」（「既有の認識」）が，「参照されるテキスト」の視点や様式などに従って書き換えられ「認識の変容」が起き，そこに新たに「産出されたテキスト」が成立して「新しい認識」が得られるという基本構造を示している（同書，２～４頁）。

また，府川源一郎は書き換え学習で，「ことばを通しての認識」として対象認識，自己認識，関係認識の力や，「ことばそのものへの認識」として文体，語彙，視点，論理などの表現形式に関わる認識力が育成できるとする（同書，126～127頁）。また，書き換えの方法として，通常の書き換え以外にも，書き換えの作品の変遷をたどる学習，複数の話を混交させる学習などが提案されている（同書，127～129頁）。

文献⑪の実践を概観すると，読む活動の書き換えだけでなく，「書く活動の中の『書き換え』」や「言語生活の中の『書き換え』」が示されている。前者には，例えば「修学旅行の記録文」（小・高学年）を物語化するものや「相手と自分を見つめて」（中）で好きな対象にラブレターを書くものなどがあり，学習者の持つ認識をある文体や視点で表現し，対象の新しい発見や文体の特質，表現の楽しさを学ばせている。後者は，書き換えの文化史的な視点を生かした学習で，例えば「あなたが知っている「桃太郎」はどんな人？」（小・高学年）では時代とともに変容する「桃太郎」のテクストを読み比べ，「桃太郎」を再話する学習を展開している。

以上，書き換え学習に関する先行研究を概観したが，なお論者に共通して論じられる書き換えと創作の関係について言及しておく。首藤は，「「変える翻作」は，その変える度合いが大きくなると，原作品とはかけ離れた作品になるわけで，そうなるともう，それは翻作の範囲をこえて，「創作」と呼んでもよいわけになる」（文献⑦，84頁）とし，また府川も「本来「純粋な創作」という行為自体も，広い意味でいえば過去の作品群に対する「書き換え」である。」（文献⑪，125頁）とする。ただ創作させるだけではなく，文学の言葉を学ぶ創作指導にするには，読み書きを連動させた書き換え学習をもっと取り入れる必要がある。一方で，首藤は「まねて書いた作品を自分のオリジナル作品として，コンクールなどに出品することとは慎まなければならない」（文献⑦，85～86頁）と述べており，注意すべきこととして明記しておきたい。

3　全国学力・学習状況調査における書き換え

書き換えは，2007（平成19）年度から始まる全国学力・学習状況調査（以下，学力調査と略す）に多用されている。書き換えが言語生活で活用される実用性の高い操作であり，書き換える能力が活用の能力と考えられているからであろう。学力調査のメッセージを授業づくりに活かすために，まず書き換えが顕著に使われている小学校国語の調査問題を取り上げ，どのような書き換え学習が行われるているか，その特色を分析したい。

①平成19年度の予備調査問題（平成18年11月～12月実施）の具体例「小学校・国語Ｂ冊子資料をもとに100字程度の原稿を書く」設問二　　問題のリード文に「給食委員の山田さんは，給食の献立を学校放送で知らせる係になりました。来週の献立にグリンピースご飯があります。山田さんは，グリンピースはおいしいし，健康によいので好きなのですが，苦手な人がいることを残念に思っていました。／そこで，みんながグリンピースを好きになり，残さずに食べてくれるように，グリンピースのよい点をくわしく調べてから，放送原稿にまとめようと考えました。」とあり，設問二では「山田さんは，さらにグリンピースが健康によいことを調べたとき，次の資料を見つけ，放送原稿で使うことにしました。グリンピースが健康によい理由について二つの成分を取り上げて，あとの放送原稿の㋐の中に書きます。八十字以上百二十字以内にまとめて書きましょう。」として，資料の説明文から必要な情報を取り出し，それらを放送原稿に書き換える学習の場が設定されている。具体的には，二つの成分に関する情報を取り出す操作，それらを80～120字で要約して放送原稿に書き換える操作が課せられている。資料と放送原稿の文体がいずれも敬体で似通っており，文体的な転換は要求されていない。文体の変換が求められる平成19年度以降の本調査よりも素朴な書き換え活動であるといえよう。

②平成19年度小学校国語Ａ問題⑧　　問題のリード文に「小島さんは，科学クラブで「べっこうあめ作り」をして，その感想を学級の友達に伝えました。そのとき，作り方を分かりやすく教えてほしいと言われたので，Ａの感想をＢのように，かじょう書きの形に直し，説明書を書きました。」とあり，感想文を説明書きに書き換えさせる学習の場が設定されている。Ａは感想文とされるが，いわゆる生活文で体験した事実と感想からなる。この生活文を説明文，特に説明書きに書き換えさせている。具体的には，感想の要素を除き，事実のみで作り方を書く操作が課せられている。説明書きのべっこうあめの作り方は４項目から構成され，そのうち第１，４項目は既に書き換えられており，子どもたちは感想文と説明書きの文体的な特徴を想起し，第１，４項目の例示から書き換えのルールを学び，それを適用して第２，３項目の情報処理の操作を行うことが課せられている。この問題の正答率は，85.4％である。

③平成19年度小学校国語Ｂ問題2設問三（１）　問題のリード文に「川本さんの学級では，ごみを減らす取り組みの一つとして，身近な紙の問題を調べ，新聞にまとめて書くことにしました。そこで，紙についての資料を集めました。」とある。設問三で作成される「地球わくわく新聞」が示され，（１）で「古紙を回収に出すときに守ること」をもう一つ箇条書きで書くことが課せられ，一つ目と同じ書き方で書くように指示される。資料の説明文を新聞記事の箇条書きに書き換える学習の場が設定されている。資料から「古紙を回収に出すときに守ること」に関する情報を取り出し，既に箇条書きに書き換えられた「同じ種類の古紙はひもでくくり，まとめて出すこと」の例示から書き換えのルールを学び，そのルールを適用して，取り出した情報を箇条書きの文体に書き換えさせている。正答率は40.1％と低く，無解答率も11.4％と高い。誤答分析では「資料１の文章の一部を抜き出しているだけで，回収に出す側が行動する視点で書き換えていない解答が多い。文章の内容を単に取り出すのではなく，目的や条件に応じて書き換えるという活用の能力に課題があることが分かる。」（国立教育政策研究所『平成19年度　全国学力・学習状況調査【小学校】報告書』，120頁）と課題が指摘されている。

④平成20年度小学校国語Ｂ問題3設問三（２）　問題のリード文に「図書委員の木村さんたちは，学校のみんなが自分たちの町の図書館をもっと利用するようになればいいと考えています。次は，木村さんたちの町にある梅山市立図書館が市内の小学生に配布した「図書館だより」です。」とあり，設問三で図書館だよりに示された「５月・６月の図書館行事」の作品名，開催月・日・曜日，時間の箇条書きを案内状の行事紹介（２文）に書き換える学習の場が設定されている。具体的には，５月行事の人形劇の「【人形劇】・「スーホの白い馬」／・５月29日（木）／・15：30～16：00」の箇条書きを，案内状の行事紹介「◆５月29日（木），午後３時30分から午後４時まで，人形劇が行われます。作品は，「スーホの白い馬」です。」に書き換えたものが例示され，そのルールを学んだ上で，そのルールを適用して６月行事の「【読み聞かせ】・「からすたろう」／・６月15日（日）／・14：30～15：00」の箇条書きを案内状の行事紹介（２文）に書き換えさせている。正答率は32.7％でかなり低く，無解答率も21.4％とかなり高い。「必要な情報を取り出し，例示を手がかりにして書き換えることに課題がある。」（国立教育政策研究所『平成20年度　全国学力・学習状況調査【小学校】報告書』，172頁）とされている。

⑤平成22年度小学校国語Ａ問題4　問題のリード文に「児童会の代表委員の石橋さんたちは，運動会について伝えたいことを，昨年の反省をもとに【メモ】に取ったあと，児童会だよりに書きました。」とあり，二つのメモを児童会だよりの文に書き換える学習の場が設定されている。まず一つ目のメモ「◆運動会の前に体調をくずした人がいた。⇨健康に気をつける。」を，児童会だよりの文「①　運動会の前に体調をくずさないように，健康に気をつけること。」に書き換えたものを例示し，書き換えのルールを学んで，それを適用して二つ目のメモ「◆開会

式の集合時こくにおくれた人がいた。⇨早めに行動する。」を児童会だよりの文に書き換えることが課せられている。正答率は，60.6％であった。37.4％あった誤答の分析では「伝えるために必要な言葉を的確にとらえることができなかったり，文と文とのつながりを考えて言葉を書き換えることができなかったりしたと考えられる。」（国立教育政策研究所『平成22年度　全国学力・学習状況調査【小学校】報告書』，106頁）とされている。

⑥平成25年度小学校国語Ｂ問題②設問三　　問題のリード文に「今村さんの学級では，グループごとに日本の伝統と文化について調べ，リーフレットにまとめています。今村さんたちのグループでは，「打ち上げ花火の伝統」について分担して調べ，次の【下書きの一部】を書きました。そして，グループで【編集会議】を開いたときに出された意見をもとに書き直しています。」とあり，設問三では，リーフレットの「④まとめ」を書くために，編集会議の山下さんの発言「それに続く内容は，「現在」の打ち上げ花火に注目し，「②打ち上げ花火の種類」と「③花火師の小野さんの声」の「イ　つくり出す伝統」の中に書かれている，現在における打ち上げ花火の形や色，打ち上げるときのくふうを取り上げて書いたほうがいいね。そして，最後に考えたことをまとめて書いたらどうかな。」を受けて，リーフレット上の説明の記事とインタビューの記事の２カ所から情報を取り出し，二つの情報を組み合わせ，さらに自分の考えも加えて，80字～100字でまとめの感想を書くという，異なった文体の複数の情報を取り出して自分の考えと組み合わせ，さらに異なる文体に書き換えるという，高度で複雑な書き換えの学習の場が設定されている。正答率は17.9％と極めて低く，無解答率も20.3％とかなり高い。従来からも複数の情報を関係付ける操作に課題があり，それを裏付けた結果になっている。

⑦平成26年度小学校国語Ｂ問題②設問二　　問題のリード文に「原田さんと野口さんは，校外学習で動物園に行き，ゾウの鼻について下のような【疑問】をもちました。そこで二人は，それぞれの疑問を解決するために，次の【科学読み物】を読みました。／【科学読み物】の下の【原田さんのふせん】，【野口さんのふせん】は，分かったことや新たな疑問を書いたものです。」とあり，設問二では「原田さんと野口さんは，書いたふせんを整理しながら【疑問】に対するまとめを書いています。」として，【原田さんのまとめ】を参考にして【野口さんのまとめ】を書かせる学習の場が設定されている。「分かったこと」の付箋が３枚，「新たな疑問」の付箋が１枚あり，それら４枚の付箋の情報を組み合わせてまとめを書かせるもので，複数の情報を組み合わせ編集して書き換える活動になっている。原田さんの例示から書き換えるルールを理解し，それを適用して問題を解くものになっている。正答率は27.1％とかなり低い。「今回の設問形式として，記述の際のモデルを示す工夫をした。このことは，記述の内容や仕方についての具体的な指導のポイントとなる。今後は，取り出した複数の情報を関係付ける手順や方法について丁寧な指導が必要である。」（国立教育政策研究所『平成26年度　全国学力・学習

状況調査　報告書【小学校／国語】』，64頁）とされる。

以上から，学力調査の書き換えの問題における特徴として，以下のような点が挙げられる。

特徴１：①〜⑦のすべてで，何らかの目的によっていくつかの条件を考慮しながら資料や文章などを書き換える言語活動が学習の場として巧みに組織されている。このことから，学習の場として設定される目的，相手，場面や状況，表現の様式や文体，表現の方法，メディア，字数などが書き換える条件として働くことを考えて，書き換え学習ではこれらの要素を細やかに組織することが大切になる。

特徴２：②・③・④・⑥のように，元のテクストと書き換え後のテクストのそれぞれの表現の様式や文体の特質が考慮され，その特質を書き換えの条件にした書き換えが行われている。このことから，特に表現の様式や文体の特質，メディアの特質が書き換えに影響することを考え，書き換え学習では元のテクストや書き換え後のテクストの表現の様式や文体の特質，メディアの特質を，どのような能力を身に付けさせるかを考えて明確化，具体化する必要がある。

特徴３：②，③，④，⑤，⑦のように，元のテクストを書き換え後のテクストに書き換えた例を示し，そこから書き換えるルールを分析して学ばせ，そのルールを適用して，同様の書き換えの操作を行うことが求められている。このことから，書き換え学習では，書き換えの見本を例示して，その書き換えのルールを分析する学習を設定し，それを自らの書き換えに適用する学習が大切である。それには，例えば平成19年度小学校国語Ｂ問題③の感想文に関する問題，平成25年度小学校国語Ｂ問題③のごんぎつねの推薦文に関する問題に見られるように，見本を比較して分析して，表現の方法や読む方法をメタ認知させることが効果的である。

特徴４：⑥，⑦のように，表現の様式や文体の異なる複数のテクストから複数の情報を取り出して，それらを関係づける操作に大きな課題がある。正答率から見れば，通常の書き換えの問題にも課題があるが，複数の情報を関係づける問題ではさらに正答率が低く，課題は大きい。新学習指導要領ではこの課題を改善しようとするが，複数の情報を関係づける操作は，高度で複雑な言語操作，思考操作，情報操作を伴う編集活動としての書き換えと見た方がよく，特徴３のようにルールを可視化できる学習によってわかりやすく指導することができる。

4　編集活動としての書き換え学習による授業づくり

これまでの読むことの学習指導では，言語活動の選択についてあまり注意が払われてきていない。言語活動の必要性を説く議論は多いが，実際は教科書に紹介とあれば紹介の言語活動にしがちで，どのような言語活動を選択するかの議論が少ないように思われる。

私自身は，学力調査の結果を活かした授業づくりを重要視し，学校や学級における学力の実態に即して言語活動を選択すべきであるとしてきた。新学習指導要領では，主体的な学び，対話的な学びとともに，深い学びが重視され，「考えを形成し深める力」としての「情報を編集・操作する力」の育成が新しい課題となっている。学習指導の不断の見直しが強調されていることから，深い学びを実現するためには，学力の実態に応じながら言語活動を選択し，学習の質量，難易などを調整する授業づくりが重要になる。

このような授業づくりのためには，書き換え学習も単にテクストを別のテクストに変化させるという捉え方だけでは不十分で，テクストの分解と組織を兼ね備えた編集という概念を用いて，編集活動として細やかに書き換え学習を行う必要がある。

編集は，意味を組み合わせる表現に限られたものではなく，外山滋比古が「結ぶと切るとは互いに交錯しながら文化を再生する」（『外山滋比古著作集４　エディターシップ』みすず書房，2002，308頁）とするように，既存のテクストを分析し要素に分解する「切る」プロセスと要素を結びつけ新たなテクストを組織する「結ぶ」プロセスとからなり，それらのプロセスが連続して営まれる。読んでからおもむろに表現に取り組むのではなく，表現の方法に応じた読み方で読み，そして表現する，という読み書きが一体的な学習プロセスになる。それは，まさしく書き換え学習プロセスということができる。

例えば，物語を読んで感想を持つ，つまり物語を感想文に書き換えるのであれば，人物の行動や心情の変化，テーマやメッセージなどの文学を読み解く観点を使いながら感想や考え，思いを持つ読み方を行い，それらを編集して感想文にまとめる。物語を紹介する，つまり物語を紹介文に書き換えるのであれば，文学を読み解く観点を使いながら分析的に読んで，それらを編集しておおよそを説明する紹介文をまとめる。物語を解説する，つまり物語を解説文に書き換えるのであれば，観点を関連づけて解釈したり疑問などを解明したりしながら読み，それらを編集して解説文にまとめる。物語を批評する，つまり物語を批評文に書き換えるのであれば，観点を操作しながら，テキストの内容や表現について理由づけを明確にしながら評価する読み方を行い，それらを編集して批評文を書くことになる。

文学を読み解く観点の多少，取り扱うメディアや表現の様式の違い，分量の多少，情報を関係づける操作の有無や難易，目的や相手，状況などの学習の場の違いなどによって，学習プロセスや身に付けさせたい能力は自在に変えることができる。深い学びを実現するには，編集活動としての書き換えの特質を踏まえ，細やかに学習プロセスを組織することが必要である。

今後，編集活動として書き換えの授業づくりを推進するためには，次のような授業づくりの視点が重要になってくる。

第１に，首藤の考えにもあったように，主体的な学習にするために，プロジェクト・メソッドの考え方により課題解決的な学習として書き換え学習を組織する。そのためには，学力調査の特徴１に挙げたように，学習の目的を明確化しながら，相手，場面や状況，表現の様式や文体，表現の方法，メディア，字数などを細やかに設定することが大切である。学習者の学力の状態を考え，元のテクストをなぞるような書き換えから特徴３，４にあたるような表現の様式，メディアの特質，複数の情報の関係づけなどを取り入れた書き換えに至るまで，学習の場や書き換える活動を工夫し選択することが大切である。

また，これと同時に主体的な学びのためには，学習者の学ぶ喜びや達成感を大切にしたい。書き換えは，学習プロセスがわかりやすく能動的に学習が進められるとともに，学習の結果を実際に手にすることができるので，学ぶ喜びや達成感を持ちやすい。その学ぶ喜びや達成感こそが自己肯定感につながる。

第２に，書き換え学習は，昭和52年版学習指導要領から平成10年版学習指導要領までに開発されてきたが，これからは平成20年版学習指導要領以降の考え方である言語活動の活用を通して指導事項の知識・技能を習得させる授業として組織し直す必要がある。活動だけで終わらないように，書き換える活動を通して身に付けさせる能力を学習プロセスに即して明確化することが大切になる。また，学習プロセスを明確化することは，学習者の主体的な学び，特に学習の見通しや振り返りなどメタ認知能力を育成するためには重要となる。

第３に，書き換え学習の実を挙げるには，書き換えの言語活動を教材研究することが大切である。それは，教師自らが書き換えを実際に体験し，学習者を想定しながら書き換えの条件として目的，相手，場面や状況，表現の様式や文体，表現の方法，メディア，字数などを細やかに考え，言語操作，思考操作，情報操作を調整し，学習の質量や難易などを確定していくのである。これによって，学習の質量や難易などを身をもって把握し，身に付けさせる能力も具体化でき，さらに学習者の支援の在り方や学習材の示し方も具体化できるようになる。

第４に，第３で行う言語活動の教材研究は，学習者に示す書き換えのモデルを見本として作ることでもある。モデルとなる見本は，学習材として，学習プロセスの最初の局面では見通しを持つのに役立ち，読む局面では読み方の方法を学ぶのに役立ち，表現する局面では表現の方法を学ぶのに役立ち，学習の最終局面の振り返りでは評価規準として役立つ。

特に，見本が評価規準として機能する点は重要である。言語活動の授業に対して，よく「これでどんな力が付くのか」と問われて，しかし口頭では明確に説明しきれず，結局力が付かないのだと批判されてしまうことがある。パフォーマンス評価では，ルーブリックを詳細に作ることでこのような批判に答えようとするが，言語活動の種々の操作をいくつもの段階を分けて言葉で説明することは，実践家にはとても難しい作業であり現実的ではない。それより，実践家は見本を提示して，これが身に付けさせたい能力の具体的な発動の状態であり，「おおむね満足」のＢ基準であることを説明すればよい。もちろん見本は，学習が進んでいる（Ａ基準），あるいは遅れている（Ｃ基準）学習者にも予め対応策を考え準備しておくことができる。そのための言語活動の教材研究であることを改めて確認しておきたい。

第５に，学力調査の特徴３にあるように，書き換えの学習を確かなものにするために，教師の作成したモデルとなる見本などを活用して，元のテクストを書き換え後のテクストに転換するルールを分析して学習する場面を設定することが大切である。それが確かな知識・技能の習得と，書き換えにおける知識・技能の活用を確かなものにする。

この際，複数の見本を示して比較することで，表現の方法や読む方法をつかみやすくできる。教師の見本ばかりでなく本や資料を多読させることで，表現の方法や読む方法を学ぶことができるので，事前読書や並行読書を取り入れていきたいものである。

また，この段階で協働学習を取り入れ，話し合いを通して書き換えるルール，表現の方法や読む方法などをメタ認知させるようにしていきたい。これらのメタ認知の操作は，編集会議などでも必要になるが，思考の抽象度が高く難しい操作となるので，話し合いを取り入れ，協働的な学びとすることによって，わかりやすく学習できるようになる。

本書における船橋国語教育の会の書き換え学習に対する取り組みは，以上のような考え方に基づいて実践されている。第２章実践編は，それらの考え方を反映した紙面になっていおり，主な特徴は次のようなものである。

①全国学力・学習状況調査との関わりを明記

過去の調査問題から関わりが深い設問を明らかにした。当該単元でその設問を解くことができる力を付けるための書き換え活動を提案している。

②単元の学習プロセスを例示

深い学びを実現するために，書き換えのポイントとより効果的な学習を行うための工夫のポイントを学習プロセスに即して示している。

③教師の書き換えモデルの掲載

すべての授業アイデアで，教師の実際の書き換えモデルを掲載している。どのような見本を作ればどのような能力を育成することになるのか，そして効果的な学習材として機能するのか，書き換えのポイントも意識しながら，言語活動の教材研究の参考にしていただければと思う。

④教師の書き換えのポイントと子どもの作品の例示

③で示した書き換えのポイントが，学習指導でどのように活かされたか，子どもの作品を取り上げて見開きで示している。

⑤書き換えの学習効果を高めるような授業の工夫の提示

書き換え学習をより効果的に行うために，読書活動，資料やワークシートの工夫など，授業で特に工夫したポイントについて説明している。

新学習指導要領における主体的な学び，対話的な学び，深い学びを実現するためにも，また子どもたちの学力を向上させるためにも，今後も先生方とともに実践を通して書き換え学習をさらに探究していきたいと考えている。

なお，本稿の研究は，科研費（23531162）の助成を受けたものである。

第2章

主体的・対話的で深い学びを実現する
書き換え学習の授業アイデア

1 オリジナルの「おおきな だいこん」物語に書き換えよう

教材
「おおきな　かぶ」（光村・東書・教出）

単元の目標
【読むこと】
・「おおきな　だいこん」物語に書き換えることによって，徐々に登場人物が増えていく場面の様子に気づき，想像を広げて読むことができる。
・物語の書きぶりや繰り返しの構成を参考にすることによって，繰り返しの構成を備えた物語文を書くことができる。

1 単元について

●単元における書き換え活動と付けたい力

本単元では，「おおきな　かぶ」のおじいさんの家の隣でだいこんを植えて育てているおじいさんもいたという設定で，自作の「おおきな　だいこん」物語に書き換える言語活動を行う。

この「おおきな　だいこん」物語に書き換えるという言語活動を通して，表現の工夫や繰り返しの構成，登場する動物たちの変化などに気づかせ，想像を広げて読んだり，繰り返しの構成を用いた物語を書いたりする力を付けるために設定した。これは，主に「C　読むこと」（1）「ウ　場面の様子について，登場人物の行動を中心に想像を広げながら読むこと」及び，「B　書くこと」（1）「イ　自分の考えが明確になるように，事柄の順序に沿って簡単な構成を考えること」に関する能力を身に付けさせようとしている。

「おおきな　だいこん」物語に書き換えるために，「おおきな　かぶ」の表現方法や構成を読み取り，真似をするという必要性が生まれる。つまり，自作の物語を書くために主体的に読み取り，この物語の特徴に自ら気づくことができると考え，この書き換え活動を行うこととした。

この言語活動を行うために，①表現の工夫，②繰り返しの構成，③増えていく登場人物の３点をポイントに書き換え，この物語の特徴や面白さを自作の作品に活かせるようにする。また，１年生でも書き換え活動を活発に行うために，動作化を取り入れた音読（工夫①），本文と書き換える箇所が一目でわかるワークシートを用いる（工夫②）という２点の工夫も取り入れる。

●全国学力・学習状況調査との関わり

27年度　B問題3　設問一
「びょうぶのとらのお話」を紙芝居に書き換えるために，４枚の絵に合わせて場面ごとに本文を分ける問題である。場面ごとに分けるためには，話全体を見通して，構成をつかむ力が必要となる。

この力を付けるための書き換え活動
本単元では，起承転結など明確な場面分けは行わないが，自作の絵本に書き換えるために，教材文を真似ることによって，繰り返していることや，増えていく動物が変化していくことなど，話全体を見通し，構成に自然と着目させることができる。

2 単元の学習プロセス（９時間）

つかむ

モデルから学習課題をつかみ見通しを持つ力

●「おおきな　だいこん」という自作の物語に書き換えるという学習課題と学習計画を知ろう。（１時間）
・モデルを見て，これから創作する物語のイメージを持つ。
・計画の説明を聞き，学習の見通しを持つ。

(1)

書き換える

・自作の絵本「おおきな　だいこん」に書き換えるために，「おおきなかぶ」の書きぶりを，主体的に読み取る力
・繰り返しの構成に気づき，登場人物や表現の工夫を考えて書く力

●「おおきな　かぶ」の音読を繰り返し行う。（２時間）
・本文がすらすら読めるように，動作化なども取り入れ，楽しみながら音読を行う。

工夫① 音読をする

●「おおきな　かぶ」を参考にして，自分だけの「おおきな　だいこん」に書き換えよう。（４時間）
・「おおきな　だいこん」を書くときには，常に教材文では，どうなっているのか読んで確認しながら書く。
・下記の３点は，この物語の特徴や面白さなので，必ず自作の絵本に書き換えるときに活かすようにする。

①表現の工夫（反復やつなぐ言葉）
例）「あまい，あまい　かぶになれ。」（反復）
「それでも，かぶは　ぬけません。」（つなぐ言葉）
②全体の構成（繰り返し）
〈前の人が次の人や動物を呼ぶ→ひっぱって→
「うんとこしょ，どっこいしょ。」→抜けない〉
が５回繰り返されて，最後６回目で抜ける。
③増える人間や動物の工夫
増えていく登場人物がだんだん小さくなり，最後はとても小さいねずみの力によってかぶが抜ける。

ポイント❶ 表現の工夫に着目する

ポイント❷ 繰り返しの構成に着目する

ポイント❸ 増えていく登場人物に着目する

工夫② ワークシート

(6)

振り返る

書き換えの観点から，友達の作品の面白さを読み取る力

●「おおきな　だいこん」を読み合い，感想を述べる。（１時間）
・ペアで読み合い，面白いと感じたことや工夫が感じられたところなどを言い合い，最後のページに一言感想を書き合う。
●絵本を作った感想を交流し，学習の振り返りをする。（１時間）
・繰り返しの効果や表現を工夫する面白さなどをまとめる。

(2)

事　後

・繰り返しのある絵本を集め紹介し，読書へとつなげていく。

3 教師の書き換えモデルと書き換えのポイント

本単元の場合は，「おおきな　かぶ」の本文がモデルになる。そのため，モデルである本文をすぐに読んで確認ができるように，本文と書き換える部分が1枚になったワークシートにし，「おおきな　だいこん」物語が本文と同時進行で進んでいくようにした。そして，本文に出てくる反復などの表現の仕方や，繰り返し増えていく動物を考える部分を空欄にしたワークシートにし，その部分を本文を読み取りながら書き込んで進めていった。

書き換えのポイント❶

表現の工夫に着目する

上段のワークシートでは，本文のおじいさんの「あまい，あまい」や「おおきな，おおきな」のような反復の表現を空欄にした。どんなだいこんに育ってほしいか考えて，繰り返して書くとおじいさんの願いが強まることを読み取ってから書いた。

例）おいしいだいこんにしたい→おいしい，おいしいだいこんになれ

下段のワークシートでは，本文の「それでも」のように，「ぬけません」の前にある逆説の接続助詞や程度を表す副詞などの二つの事柄をつなぐ言葉を空欄にした。本文では「まだまだ」などの二つの事柄をつなぐ言葉が5回あり，この部分を書き換えると，物語に合う表現を考えられる。

おおきな　かぶとおおきな　だいこん
さく

おじいさんが、かぶの　たねを　まきました。
「あまい、あまい　かぶに　なれ。おおきな、おおきな　かぶに　なれ。」
あまそうな、げんきの　いい、とてつもなく　おおきな　かぶが　できました。
そのとき、となりの　いえの　おじいさんも、だいこんのたねを　まいていました。
となりの　いえの　かぶにはまけないぞ！
おいしい、おいしい
だいこんになれ。
おおきな　おおきな
だいこんになれ。
おいしそうで、まっしろな、とてつもなく　おおきな
だいこんが　できました。

-1-

太字…書き換える部分　細字…本文

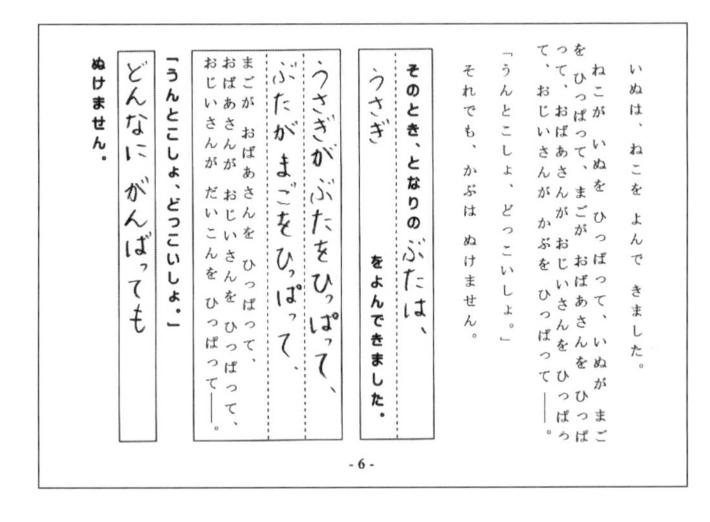
いぬは、ねこを　よんで　きました。
ねこが　いぬを　ひっぱって、いぬが　まごを　ひっぱって、まごが　おばあさんを　ひっぱって、おばあさんが　おじいさんを　ひっぱって、おじいさんが　かぶを　ひっぱって――。
「うんとこしょ、どっこいしょ。」
それでも、かぶは　ぬけません。
そのとき、となりのぶたは、
うさぎ　をよんできました。
うさぎがぶたをひっぱって、ぶたがまごをひっぱって、まごが　おばあさんを　ひっぱって、おばあさんが　おじいさんを　ひっぱって、おじいさんが　だいこんを　ひっぱって――。
「うんとこしょ、どっこいしょ。」
どんなに　がんばっても
ぬけません。

-6-

書き換えのポイント❷

繰り返しの構成に着目する

同じことを繰り返し，6回目にかぶがぬけるという構成を読み取り，増やす登場人物を物語を書く前に決めさせることで，全体の構成を見通すことができる。

書き換えのポイント❸

増えていく登場人物に着目する

おじいさんが呼んでくる動物は本文のように，（本文：おじいさん→おばあさん→孫→犬→猫→ねずみ）徐々に小さくなり，最後はとても小さな動物となる。物語の世界観に合った動物は何かなども読み取り，物語の面白さを書き換えに活かせるようにする。

4 子どもの作品と考察

書き換えのポイント❶

○おじいさんの台詞（反復の表現）と，どんなだいこんになったのか想像して表現する

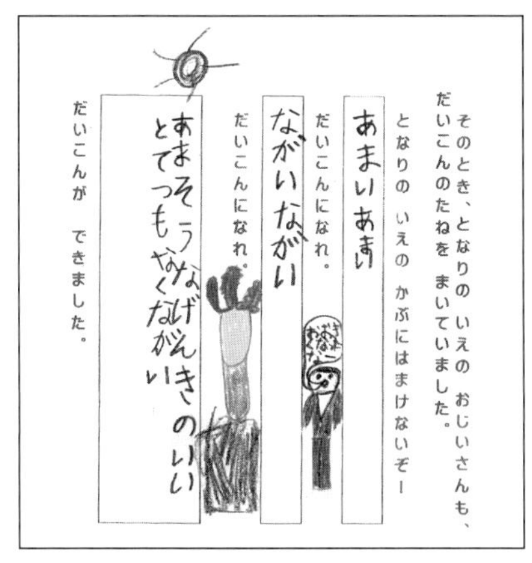

A児の作品

B児の作品

A児は，本文の一部だけを書き換えている。B児の作品は，本文を参考にして，だいこんにあった表現に書き換えた部分が多い。子どもには一語だけでも書き換えればよいということにして，本文を真似しながら，少しずつオリジナルの表現を考える面白さを感じさせた。

○「ぬけません」の前に入る二つの事柄をつなぐ言葉を書き換える

A児のように「うさぎがきたのに」他に「さるもひっぱったけど」など，登場人物が増えることに着目した子どもが多かった。また，「10回ひっぱったのに」「100回ひっぱったのに」と数を増やして繰り返すという工夫をした子どももいた。B児のように「みんなでがんばったけど」など，「～のに」「～けど」という言葉を使って文章を書く子どもも多かった。本文の「まだまだ」のような接続詞だけの子どもは少なかったが，文章を考えられない子どもにとっては「ぜんぜん」などの表現が容易であった。

A児の作品

B児の作品

書き換えのポイント❷❸

本文全体の構成を読み取り，どのような動物がよいか話し合う。すると，「段々小さくなってる」「最後は力の弱そうなねずみなのに，抜けて面白い」「ライオンじゃなくて，呼んだら来てくれそうな動物だ」など，物語の特徴や面白さに関わることに自然と気づくことができる。

実際の子どもの作品では，下記のような動物が登場した。

・うし→うさぎ→ハムスター　・たか→にわとり→ひよこ　・カブトムシ→バッタ→アリ

5 書き換え活動を効果的にする工夫

工夫① 本文の理解を深めるために音読をする

書き換えるためには，もとの文章をよく理解することが重要である。特に，本単元は，教材文である「おおきな　かぶ」が書き換えるモデルでもあり，その書きぶりを活かして自分の「おおきな　だいこん」に書き換えるので，本文の特徴をどれだけ理解しているかがポイントになる。そこで，直ちに書き換えを始めるのではなく，「絵本をつくるためには，お手本の『おおきな　かぶ』をよく知ることが大切だね」と呼びかけ，暗唱できるくらい音読をしておくと，その後の書き換えがスムーズに行える。１年生なので，動作化や劇化なども取り入れ，楽しみながら音読を繰り返し，すらすら読めるようになってから，書き換えに入ることが望ましい。すると，書くために本文を読み返したときに，余計な説明をしなくとも，表現や言い回し，構成に気づく子どもたちが増え，もとの文章の特徴を無理なく自作の絵本に活かすことができる。

工夫② 書き換える文や文章が一目で分かるワークシート

ワークシートは，「隣の家でも大根を育てている」という設定にし，「おおきな　かぶ」と自作の「おおきな　だいこん」が１枚にまとまるようにした。すると書き換えるときに，モデルとなる本文がすぐ隣にあり，確認することが可能である。また，「おおきな　かぶ」と同時進行で話が進んでいくので，子どもたちも物語の世界観に入りやすく，想像を広げて書きやすい。

左側
「おおきな　だいこん」
（書き換えるところ）

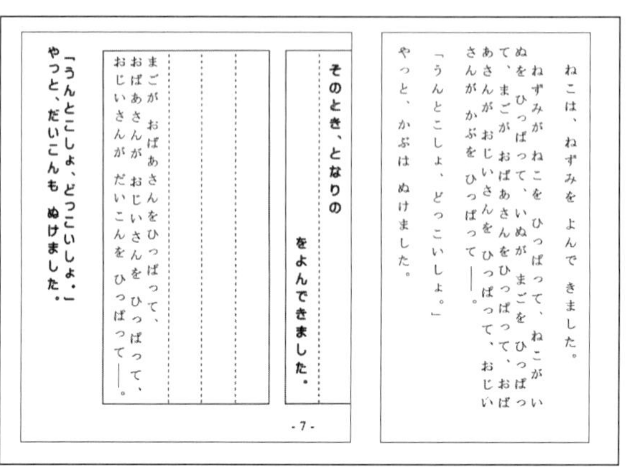

右側
「おおきな　かぶ」
（本文）

何を書き換えさせるのかがワークシートを作る観点となるが，今回は①おじいさんの台詞，②どんな大根に育ったのか，③「ぬけません。」の前の文と文をつなぐ言葉，④増えていく動物の４点にした。しかし，「うんとこしょ，どっこいしょ。」など反復しているところを書かせると，繰り返しの構成が理解しやすいなど，この４点以外にも様々な工夫が考えられる。

また，絵本なので本当ならば吹き出しは必要ないのだが，「吹き出しを書いてもよい」としておくと，本文には書けない想像したことや登場人物の台詞も付け足せて，子どもたちは意欲的に取り組める。

6 子どもの学びの姿

1年生にとって,「『おおきな　だいこん物語』という自分だけの本をつくろう」という目標はとても魅力的であり,最後の1ページを書き終え製本をするまで,意欲的に取り組んでいた。

最初の1ページ目で,本文と対応した空欄部分を自分で書き換えると新たな物語になることが分かり,どの子どもも「どんなだいこんにしようかな」と主体的に考え,自由に表現していた。その後も何度も同じパターンで繰り返していくので,どの子どもにとっても易しく,繰り返しを用いた物語作りに没頭しながら,反復や二つの事柄をつなぐ言葉などの表現に自然と着目し,書き換えるようになっていった。書き換える場所が同じなので,作品が似てしまう心配もあったが,子どもたちは言葉や動物を一つ一つ考え,それぞれの思いや想像を膨らませて書いていたので,出来上がったらみんな違う物語になり,集中して読み合い,感想交流も活発に行っていた。表現する楽しさや喜びを感じられたことが伝わってきた。

本単元は,1年生の夏休み前に行ったので,ひらがなが十分に書けなかったり,言葉が考えられなかったりするような子どももいたが,全部を書き換えるのではなく,本文とほぼ同じでも,一言でも変えればよいとした。このように真似するところは真似て,自分で考えられるところは考えてと,能力に応じて,自分に合った具合で書き換えを進めていった。また,空欄部分が早く書き終わった子どもから,絵や吹き出しなども自由に書き入れていき,場面や登場人物の様子をより詳しく表現し,発展させていくこともできた。

この授業…
ここがポイント

1　表現の工夫に着目してその言葉を繰り返し使う

物語の学習において,低学年では表現のよさを見つけながら読むことが大切である。本実践では,「おおきな　かぶ」の文章のおじいさんの台詞にある,繰り返しの表現に着目させている。繰り返しの表現には,その事柄を強調させる効果がある。また,どのようなだいこんになったのか,どんな言葉を使えばよりふさわしいかを,本文を参考にし,想像を膨らませて,学習を進められる。低学年は,想像力を生かして自由に表現する学習をより多く体験することで表現することの面白さを感じ,主体的に学習が進められる。

2　増えていく登場人物に着目して読み進める

現実とは異なる世界を豊かに想像しながら読むことで読書の楽しさを味わうことができる。そのために,本実践では「物語の世界観に合った動物は何か」「登場人物は徐々に小さくなり最後は小さな動物の力で抜ける」ということを本文から読み取り,表現活動に活かせるようにしている。1年生なので,動作化や劇化を取り入れることで,より容易に場面を想像し物語に合う登場人物を選んでいた。動物は自由に選ぶのではなく,物語の面白さに気づきながら読み進めることで,自作の絵本の完成度が高まる実践である。

2 「なりきり日記」で，動物の世界を楽しもう

教材
「うみへのながいたび」（教出），
動物が主人公の本

単元の目標
【読むこと】
・物語の登場人物になりきって日記を書くことによって，場面の様子や登場人物の心情について想像を広げながら読むことができる。

1 単元について

●単元における書き換え活動と付けたい力

本単元では，三人称で書かれた物語の登場人物になりきって場面の様子や登場人物の心情を読み，想像を広げたことを活かして，一人称の「なりきり日記」に書き換える言語活動を行う。この言語活動を通して，登場人物がどんなことをして何を思っていたのか，自然と本文を詳しく読みとろうとするようにし，子ども達が主体的に想像を広げながら読む力を付けることができる。日記の形式に書き換えることにより，文章が一人称になり，心情理解が促進される。これによって，主に「C　読むこと」（1）「ウ　場面の様子について，登場人物の行動を中心に想像を広げながら読むこと」に関する能力を身に付けさせようとしている。

物語の主人公になりきって本文を日記に書き換えるという言語活動では，もとになる物語を「日記にあらわす視点で読む」ことが重要になる。そのためには，物語に登場したのは誰か，その登場人物がその場面でどんなことをしていたのかを捉える必要があり，叙述をもとに想像を広げながら読む力を付けることができると考え，この書き換え活動を行うこととした。なお，今回の「日記」は，物語のある場面についての日記，ということとした。

物語の場面の様子を読み取り，なりきり日記に書き換えるために，①誰になりきるのか視点を定める，②日記に必要な４つの要素（「したこと」「見たこと」「聞いたこと」「話したこと」）を意識して読む，③登場人物がどんなことを思ったのか想像を膨らませて読むことで場面の様子を詳細に読む，という３点をポイントに書き換えを行うようにする。また，単元に入る前から事前読書や並行読書を行ったり（工夫①），なりきる際にはお面をかぶって気持ちを切り替えたりする（工夫②）など，手立てを工夫する。

●全国学力・学習状況調査との関わり

27年度　B問題[3]　設問二
「一休さんのとんち話」という本を読んで紙芝居を作り，読み聞かせをする設定。場面の様子を分け，登場人物の気持ちの変化を想像しながら音読することができるかどうかを見る問題である。

この力を付けるための書き換え活動
本単元では，「したこと」「見たこと」「聞いたこと」「話したこと」の４つの視点から物語を読み，その場面の気持ちを想像して日記に書き換える。登場人物になりきって，物語の世界を，想像を膨らませながら読む力を付けることができる。殿様の気持ちになって音読することが一人称で読むことにつながる。

2 単元の学習プロセス（11時間）

つかむ

モデルから学習課題をつかみ見通しを持つ力

●動物が主人公の物語を読み，物語の中の動物になりきって「なりきり日記」を書くという学習課題をつかみ，学習計画を立てよう。（１時間）
・動物が主人公の物語の読み聞かせを聞き，意欲を高める。
・教師が書いた「なりきり日記」を読み，活動へのイメージを具体化させ，見通しを持つ。

教師のモデル

(1)

書き換える

①「うみへのながいたび」のお気に入りの場面を選び，日記に書き換えるのに必要な観点に沿って読み取る力

●「うみへのながいたび」のなりきり日記を書くために，登場人物になりきって，様子や気持ちを想像しながら読もう。（４時間）
①日記を書くために必要な情報を文章から書き抜く力を付けるため，「なりきり日記シート」を活用する。
（したこと，見たこと，聞いたこと，話したこと）
②日記シートに書き抜いた４つの要素をもとに，子ぐまの心情を想像し，一人称の日記に書き換える。

ポイント❶
誰になりきるか視点を定める

ポイント❷
日記を書くにあたって必要な要素に着目する

②したこと・見たこと・聞いたこと・話したこと・気持ち…等の観点に沿って読み深めたことを活かして，自分が選んだ本の「なりきり日記」を書く力

●自分が選んだお気に入りの一冊（動物が主人公の本）のお気に入りの場面を，なりきり日記に書き換えよう。（４時間）
①「なりきり日記」を書く１冊を決める。
②登場人物の気持ちを想像しながら読み，お気に入りの場面を探す。
③お気に入りの場面の「なりきり日記シート」を書く。
④「なりきり日記シート」をもとにして「なりきり日記」を書く。

ポイント❸
登場人物がどんなことを思ったのか想像を膨らませて読む

工夫②
動物のお面を用いる

(8)

振り返る

「なりきり日記」を読み合い，興味を持った本を進んで読もうとする力

●廊下に掲示した「なりきり日記」を読み合い，自分が選んだ本以外の物語に興味を持つ。（１時間）
・「なりきり日記」を，動物園のように動物の種類ごとに掲示することで，友達の日記と自分の日記を比較しながら読もうとする意欲を高める。

●学習前と学習後での読書生活の変化に気づかせ，物語を読む力や日記を書く力など，自分に付いたと思う力を振り返る。（１時間）

(2)

事　後

・動物が主人公の本に興味を持ち，今後の読書の幅を広げる。

工夫①
事前読書・並行読書により動物が主人公の物語の世界への関心を高めさせる

3 教師の書き換えモデルと書き換えのポイント

教師のモデルは，学習が重ならないように本教材ではなく，学級文庫や学年文庫で親しまれていた「だれもしらないバクさんのよる」や「わすれられないおくりもの」等，動物が主人公の本を使って作成した。ゴールのイメージをもたせる際，日記を書くために必要な要素を考えながら読み取る際，そして，「なりきり日記シート」や「なりきり日記」を書く際の３回提示した。モデルを提示することで，日記シートやなりきり日記に，どんなことを書いたらよいのかその都度意識できるようにした。

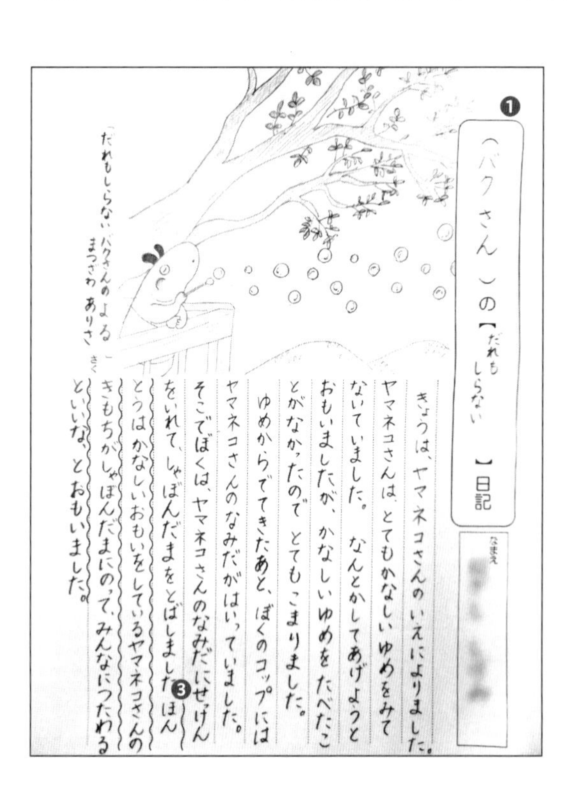

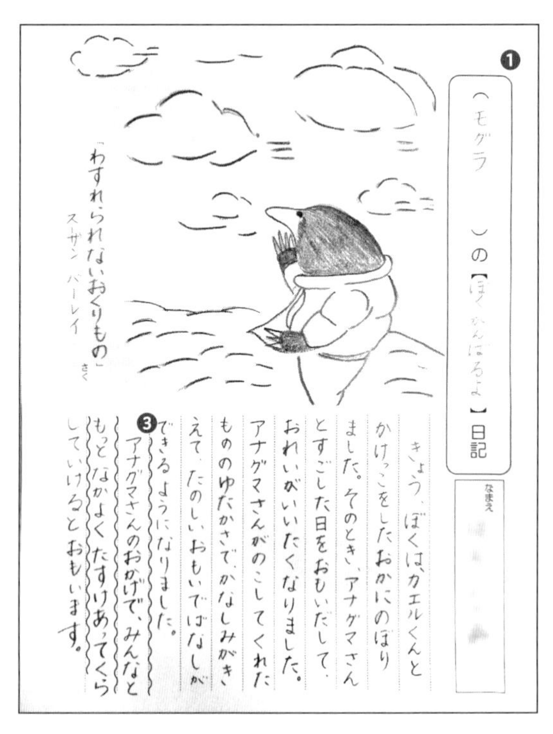

書き換えのポイント❶

誰になりきるか視点を定める

物語の登場人物の中で誰になりきるのか決めてから本文を読ませることで，その人物の目線で物語を読み，物語の世界に入り込みやすくする。また，挿絵からも読み取れることがあることに気づかせる。

書き換えのポイント❷

日記を書くにあたって必要な要素に着目する

物語の登場人物が何をして，何を見て，何を聞いて，何を話したのか，要素に沿って読み取ることで，内容を理解し，読む力を付け，書き換えに活かせるようにする。

書き換えのポイント❸

登場人物がどんなことを思ったのか想像を膨らませて読む

自分が日記を書くときと同じように，その場面での登場人物の様子や心情を，読み取った行動をもとに想像させることで，物語の世界に浸り，物語の面白さに気づかせる。また，想像を広げながら物語を読む力を付けさせる。

4 子どもの作品と考察

〈なりきり日記シート〉

日記シートは,「◎なにがあったかというと」という欄で4つの要素に着目させ,それをもとに心情を想像する,という流れになっている。

✎書き換えのポイント❶

◎なりきり日記シート

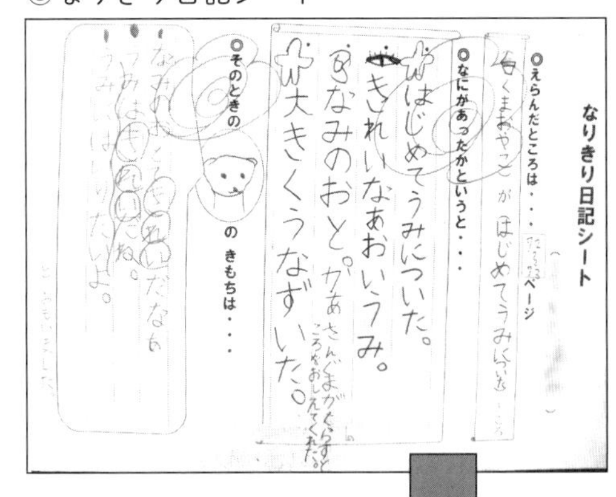

この場面には母ぐまの行動に関する文もあるが,この場合,児童は子ぐま目線で本文を読んでいる。例えば,本文では母ぐまが「ここが海よ。これからおまえたちがくらすところ。」と,子ぐまたちに話しかけている叙述が「かあさんぐまがくらすところをおしえてくれた。」という子ぐま目線に書き換えられている。母ぐま目線では「話したこと」になるが,子ぐまにとっては「聞いたこと」になるので,児童はそれを意識して日記シートに書き抜いていることがわかる。はじめにどの場面の誰になるのか決めたことで視点が定まり,その人物の行動に着目して読むことができた。

◎なりきり日記

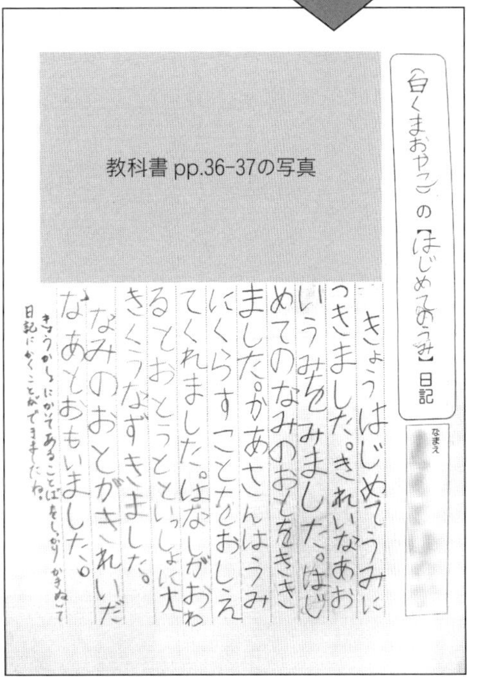

✎書き換えのポイント❷

日記シートの「◎なにがあったかというと」で4つの要素について書き抜くことで自然と本文を繰り返し読み,内容を理解していった。児童の日記シートを見ると,目の形等のマークが書かれているが,体の形は「したこと」,目の形は「見たこと」,耳の形は「聞いたこと」を表している。読むことに苦手意識を抱いている児童は,本文にこれらのマークを書き込んでから,その部分を日記シートに書き抜く等工夫が見られた。

✎書き換えのポイント❸

視点を定めた上で4つの要素に着目しながら読んだことで,本文の内容を詳しく捉えることができ,児童は物語の世界に浸っていた。それから日記形式の一人称の文章に書き換えたことで,登場人物の心情に寄り添いやすくなった。登場人物の心情を表す一言を想像して,日記の一部として書き加えることができた。この場合は,「はじめてのなみの音を聞いた」という文を受けて,「なみのおとがきれいだなあ」という,子ぐまの気持ちを想像したことがわかる。

5 書き換え活動を効果的にする工夫

工夫① 事前読書・並行読書をする

単元に入る前から動物が主人公の本を集め，学年の廊下に置いて，いつでも子どもが手に取れるようにした。また，教師モデルに使用した本は，モデルと照らし合わせながら何度か読み聞かせをした。友達が読んでいる本と交換しながら読むと，意欲もより一層高まっていく。

また，並行読書材は，絵と本文が多めのものを教師が予め選んでおいた。「ともだちや」「アナグマさん」等のシリーズ本も用意した。それらを，登場人物の心情に特に動きがあった場面はどこか意識しながら読ませていった。そうすることで，後に日記に書き換えるときに「どんな出来事があって，心情に動きがあったのか」と，本文に着目しようとする意識につなげていった。

☆「なりきり日記」よんだほんリスト☆

なまえ（　　　　　　　　　　　）

	だいめい	よんだチェック	おきにいり
1	にゃんこおうじ	○	○
2	スイミー		
3	ともだちやシリーズ	下	
4	キツネのおとうさんがニッコリわらっていいました		
5	はやくおおきくなりたいな		
6	だれもしらないバクさんのよる	○	
7	わすれられないおくりもの		
8	ライギョのきゅうしょく		
9	おさるはおさる		
10	とべバッタ	○	
11	うごいちゃだめ！		
13	どろんこハリー	○	○
14	にじいろのさかな	○	
15	てぶくろ	○	
16	子リスのアール	○	
17	きつねのおきゃくさま	○	
18	こぐまのやま		
19	おおかみとしちひきのこやぎ		
20	おかではたらくロバのポチョ		
21	さるのせんせいへびのかんごふさん	○	[illegible]
22	へびのせんせいさるのかんごふさん	○	○
23			
24			

動物が主人公の本のリストでは，読んだ本のおすすめ度を◎○等で表していった。様々な動物が登場する本に触れさせ，その中で自分のお気に入りの本を選ばせるようにした。

工夫② 動物のお面を用いる

「うみへのながいたび」では子ぐまのお面，自分たちが選んだ本では，自分がなりきる動物のお面を作り，心情を想像させるときの手がかりとする。低学年においては，お面をかぶるだけで気持ちが切り替わり，「なりきる」というスイッチが入る。日記は主観的に書くものだが，本文は客観的に読む必要がある。そこで，日記シートで登場人物の気持ちを想像して書くときに「スイッチオン！」とお面をかぶり，動物になりきって気持ちを書いていく。そのまま続けて，日記シートをもとに日記を書くときにもお面をかぶり続け，一人称で日記を書いていくようにする。

書き換えのポイント①で決めた，なりきる登場人物のお面を作るところから，子どもの気持ちもその登場人物に寄り添っているように，笑顔で楽しそうに作成している姿が見られた。また，４つの要素に着目するというポイント②では，子どもがお面をつけている状態で「皆さんは，何をして，何を見て，何を話して，何を聞いたのでしょう」と投げかけることで，自分がしたこととして登場人物の行動等に着目し，日記シートに書き抜くことができた。ポイント③に関連することとしては，ポイント②の時と同様，お面をつけながら日記を書いたことで物語の世界に自分自身が浸ることができ，主人公の心情に寄り添うことができた。

6 子どもの学びの姿

これまでの学習で，登場人物の心情を「想像して」読むという学習活動はしてきたが，「なりきって」読む，という学習活動は１年生の子どもにとって初めての取り組みであった。一度お面をつければ，「自分がこの役になるのだ」という意識が自然と芽生え，その名前で友達同士呼び合う姿も見られるほどであった。読むことに苦手意識のある子どもは，４つの要素を示したことで目の形や耳の形をしたマークを本文に書き込んでからその部分を書き抜く等，工夫しながら学習を進めていた。本単元を学習する前までは，文章を読まずに絵だけを見て読み進めていた子どもが多かったが，「なりきり日記」を書いたことで本文に何が書いてあるのか何度も繰り返し読もうとする姿が見られるようになった。また，空いている時間を見つけては，動物の本のコーナーに足を運び，「この本，面白かった！」と担任に報告する姿は生き生きとしていた。「先生，ここにこう書いてあるから，絵もこうなっているよ」という発言も聞こえるようになり，本文を読む能力の高まりを感じた。

日記形式の文章が書けずに，それまでは全て台詞形式で書いてしまっていた子どもも，４つの要素を取り入れて日記を書けるようになり，書く能力にも変容が見られた。完成した日記は，教科書で紹介されている「お話動物園」のような形で，学級の枠を超えて学年の中で同じ動物を選んだ人でコーナーを作り，学年の廊下に掲示した。友達や他のクラスの人が書いたなりきり日記を読んだことで関心が高まり，子どもの読書の幅も自然と広がりが出ることとなった。

この授業…
ここがポイント

1　誰になりきるのか視点を定めて読み進める

低学年の学習では物語の登場人物になりきって読み進めることで，さまざまな場面での想像力がかきたてられ，より効果的な学習へと発展する。本実践では，誰になりきるのか，「なりきり日記シート」を活用することで，文章を書くことに苦手意識のある子どもも気負いなく登場人物になりきって日記を書き進められる。また，挿絵を活用することで，登場人物の気持ちを想像しやすく，視点を定める手立てとしている。

2　日記に必要な４つの要素を意識して読み進める

物語を読む視点を定めることで，学習を進める目標がはっきりする。さらに，自分の選んだ本でなりきり日記を書くための手だてとして，「したこと」「見たこと」「聞いたこと」「話したこと」の４つを意識させて読み進めている。お気に入りの場面を，４つの観点でしっかりと読み進められることで，物語の世界に自分を映し出し，登場人物になりきって，想像豊かに表現する活動へつながっている。また，作品（なりきり日記）を友達と共有することでさらに興味が広がるのがよい。

3

「じどう車ブック」を書こう

教材
「はたらくじどう車」(教出)

単元の目標
【読むこと】
・「はたらくじどう車」の説明の仕方を真似て,「じどう車ブック」に書き換える活動を通して,事柄の順序を考えながら内容を読むことができる。
・「じどう車ブック」を作るために,自動車に関する本や資料を選ぶことができる。

物語文
説明文
伝記
随筆

1 単元について

●単元における書き換え活動と付けたい力

本単元では,教科書教材の「はたらくじどう車」の説明の仕方を真似て,自分が調べた車で「じどう車ブック」に書き換える言語活動を行う。この活動を通して,車の「やくわり」を述べてから具体的な内容を説明するという基本的な説明の仕方を読みとる力を付ける。「C　読むこと」(1)「イ　時間的な順序や事柄の順序などを考えながら内容の大体を読むこと」と「カ　楽しんだり知識を得たりするために,本や文章を選んで読むこと」の能力を身に付けさせる。

「はたらくじどう車」は,役割に合わせたつくりやはたらきを決まった順序構成で説明している。自作の「じどう車ブック」を作成するためには,この説明の仕方を読み取り,真似なければならない。そこで,はじめに,教材を読み順序を表す言葉にも注目して「はたらくじどう車」の「視写ブック」を作る。その後,並行読書していた本の中から自動車を選んで自作の「じどう車ブック」を作成する。乗り物は児童が興味を持つ題材であり,読みながら,事柄の順序に気づき,大事な言葉を書き抜く力が付くと考え,この書き換え活動を行うこととした。

「じどう車ブック」に書き換えるポイントとして,教材文と教師のモデルを比べて,①段落ごとに書かれた事柄の内容「やくわり」「つくり」「はたらき」を読み取らせること,②それらの事柄の順序性に気づかせること,の2点を重点的に指導する。さらに,書き換え活動を効果的にする工夫として,説明の仕方や「やくわり」「つくり」「はたらき」の言葉を理解させる際に乗り物クイズを取り入れること(工夫①),三つの段落構成に注目させる色別のワークシートを活用すること(工夫②),事柄の順序に気づかせる際に教材文と教材文とは内容の異なる文章の2種類を提示し,比べさせて確認していくこと(工夫③)の3点について取り上げる。

●全国学力・学習状況調査との関わり

26年度　B問題[2]　設問二

科学読み物を読んで書いた付箋(疑問やわかったこと)を整理しながら,まとめを書く問題である。例とされているまとめが,どのような構成で書かれているのか読み取る力が必要となる。

この力を付けるための書き換え活動

本単元では,「はたらくじどう車」の説明の仕方を真似て,「じどう車ブック」に書き換える。「はたらくじどう車」を分析することで,基本的な説明の仕方を読み取る力と情報を取捨選択する力を付ける。

2 単元の学習プロセス（10時間）

つかむ

モデルから学習課題をつかみ見通しを持つ力

●自作の「はたらくじどう車」に書き換えるという学習課題と学習計画を知る。（1時間）
・教師見本を見て，これから創作する本のイメージを持つ。
・創作の手順を知り，学習の見通しを持つ。

教師のモデル

(1)

書き換える

①自作の「はたらくじどう車」に書き換えるために、教材文の構成と言葉の使い方を読み取る力

●「はたらくじどう車」を読み，説明の仕方を理解して，「はたらくじどう車」視写ブックを作る。（4時間）
①教師モデルと教材文から，段落の数を確認する。
②段落ごとに書かれている事柄を読む。
・段落（一）「○○は，～じどう車です。」
・段落（二）「ですから，（　　　）がついています。」
「ですから，（　　　）をもっています。」
・段落（三）「（　　　）をつかって…します。」
「（　　　）をうごかして…します。」
③書き方の違う2種類の文章を比べたり，色別のワークシートを使ったりしながら，事柄の順序を読む。
・書き方の違う2つの文章を比べて，違いを読む。
・事柄ごとに色を変えながら視写をする。

ポイント❶ モデルと教材文を比べ，事柄を読む

工夫① 乗り物クイズをする

ポイント❷ 事柄の順序に着目して読む

②説明の仕方を読み取り、必要な情報を取捨選択する力

●乗り物図鑑などを読んで，「やくわり→つくり→はたらき」の説明の仕方で文章を書き換える。（4時間）
・選んだ車について，複数の本から「やくわり」「つくり」「はたらき」を調べる。

工夫② 色別のワークシートを用いる

工夫③ 教材文と教材文とは内容の異なる文章の2種類を比べる

(8)

振り返る

書き換えの観点から、友達の作品のよさを読み取る力

●出来上がった説明文を全体で読み，学習の振り返りをする。（1時間）
・紹介したいものがあるとき，どうすればわかりやすく説明ができるのか，気がついたことを交流し，まとめる。

(1)

事　後

・説明的な文章を読むときに，構成に注目した読み方の参考にさせる。

乗り物の本を並行読書する

3 教師の書き換えモデルと書き換えのポイント

1時間目の「つかむ」段階で，モデル文を提示し言語活動のゴールのイメージを持たせる。その後，段落ごとの事柄と順序を読み取っていく。

教材文

はたらき　つくり　やくわり

ショベルカーは、 じめんを ほったり、 けずったり する じどう車です。

ですから、 ながい うでと じょうぶな バケットを もって います。

ショベルカーは、 こうじの ときに、 うでと バケットを うごかして、 土を けずり、 べつの ばしょに はこびます。

書き換えのポイント❶

モデルと教材文を比べ，事柄を読む

まず，モデルと教材文を読み比べ，３段落であることに気づかせる。次に，それぞれの段落の同じような意味の言葉を見つけていく。１段落目は，「じょせつトラックは，どうろのゆきをどかすじどう車です。」と，何をするための車かという「やくわり」について書かれている。２段落目は，「ですから，とても大きなてつのいたが，まえについています。」と，その車の特徴的な「つくり」について書かれている。３段落目は，「てつのいたを上下にうごかして，おもたいゆきをおしだしてしまいます。」と，「つくり」をどのように使って働くのかという，「はたらき」について書かれている。教師モデルでは，教材文をより簡潔な「○○は，～じどう車です。」，「ですから，（　）がついています。」，「（　）をうごかして…します。」という説明の仕方で書き換えている。

書き換えのポイント❷

事柄の順序に着目して読む

教師のモデルと教材文は，三つの事柄が決まった順序で述べられている。「ゆきをどかす」という「やくわり」のため，「てつのいた」という「つくり」があること，その，「てつのいた」を使って，「ゆきをおしだす」という「はたらき」につながることを確認していく。また，傍線部の「ですから」という言葉で，「やくわり」と「つくり」の段落をつないでいることにも気づかせる。

4 子どもの作品と考察

書き換えのポイントに沿って，モデル文と教材文「はたらくじどう車」を比較しながら読み，自分が選んだ車で「じどう車ブック」を作った。

オフロードダンプカーは、こうじをするときにつかうじどう車です。
ですから、人よりなんばいも大きいかごがついています。
かごをつかって、じゃりや石をいっぱいはこびます。

児童作品①

ろめんせいそう車は、どうろをそうじするじどう車です。
ですから、車の下に大きなブラシがついています。
ブラシをかいてんさせて、ごみをとり、どうろをきれいにします。

児童作品②

書き換えのポイント❶

児童作品①では，「オフロードダンプカーは，こうじをするときにつかうじどう車です。」「ですから，人よりなんばいも大きいかごがついています。」「かごをつかって，じゃりや石をいっぱいはこびます。」と，「やくわり」と「つくり」と「はたらき」を，それぞれの段落の決まった説明の仕方で書くことができた。児童作品②も，「ろめんせいそう車は，どうろをそうじするじどう車です。」「ですから，車の下に大きなブラシがついています。」「ブラシをかいてんさせて，ごみをとり，どうろをきれいにします。」と決まった説明の仕方で書けている。また児童作品①は，つくりである「かご」について説明する際，「人よりなんばいも大きい」と，読み手が想像しやすいように表現を工夫することができた。児童作品②のはたらきでは，「ブラシをかいてんさせて」と，「～をつかって」ではなく，具体的な言葉でわかりやすく説明をすることができた。

書き換えのポイント❷

どんな車なのかわかりやすく説明するため，「やくわり」→「つくり」→「はたらき」という，決まった順序で書かれている。児童作品①では，「こうじをするときにつかう」という「やくわり」のため，「大きいかご」という「つくり」があり，その「大きいかご」を使って，「じゃりや石をいっぱいはこぶ」という「はたらき」につながるように書くことができた。児童作品②も，「どうろをそうじする」という「やくわり」のため，「ブラシ」という「つくり」があること，その「ブラシ」を使って，「ごみをとり，どうろをきれいにする」という「はたらき」へと，つながりのある文章を書くことができた。

5 書き換え活動を効果的にする工夫

工夫① 乗り物クイズをする

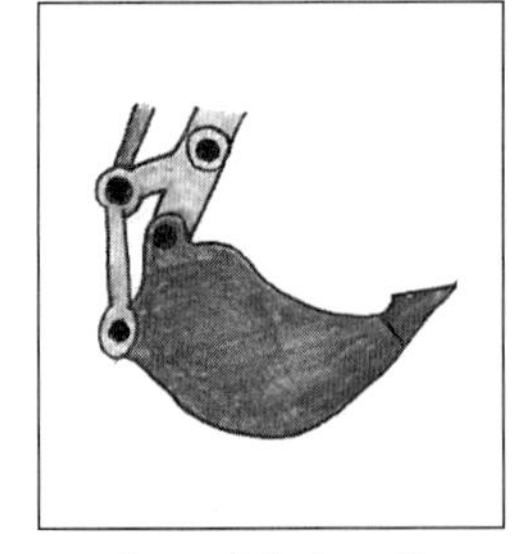

ショベルカーの
バケット

自動車ブックに書き換えるためには，「やくわり」「つくり」「はたらき」という言葉を理解しなければならない。そのため，乗り物の「つくり」の部分だけを拡大して何の車か当てるクイズを行った。右の絵は，ショベルカーのバケットの部分である。答えが出たら，「このバケットをどう動かすのか（はたらき)」,「どんなときに活躍する車なのか（やくわり)」などを問い，段落ごとの内容について楽しみながら理解させた。

工夫② 色別のワークシートを用いる

「やくわり」「つくり」「はたらき」という３段落で構成されていることを意識させたり，段落ごとに書かれている事柄について理解を深めたりするため，「やくわり」は赤，「つくり」は青，「はたらき」は緑のワークシートを用意し，教材文を視写した。一つの車の「やくわり」「つくり」「はたらき」を視写したら，一枚の紙に貼る。それを「バス」「コンクリートミキサー車」「ショベルカー」「ポンプ車」で行い，まとめることで視写ブックを作った。各段落を色別に分けて書くことで，視覚的にも形式段落を意識することができる。「じどう車ブック」を書く際に，視写ブックを読むことで，何を書けばよいのか再確認することができ，作成に役立った。

緑	青	赤
バスは、おおぜいのおきゃくをのせて、きまったみちをあんぜんにはしります。	ですから、たくさんのざせきがあります。つりかわや手すりもついています。	バスは、おおぜいのおきゃくをのせてはこぶじどう車です。

工夫③ 教材文と教材文とは内容の異なる文章の２種類を比べる

「やくわり」「つくり」「はたらき」という決まった順序があり，段落ごとの内容につながりがあることを気づかせるため，ショベルカーを例に，２種類の「はたらき」の文章を挙げ説明をした。教材文では，「つくり」として，「うで」と「バケット」を挙げている。それを受け，【はたらき①】は，「うで」と「バケット」について書いてある。一方【はたらき②】は，前文とは関係のない「つくり」について書かれている。どちらがつながりのある文なのかを考えさせると，「①の方が同じことを言っている」「②はバケットのことを言っていない」など，すぐに答えることができた。そのため，【はたらき①】の方がふさわしいことを確認した。

ショベルカー「つくり」の文

ですから、ながい うでと じょうぶな バケットを もって います。

【はたらき①】

ショベルカーは、こうじの ときに、うでと バケットを うごかして、土を けずり、べつの ばしょに はこびます。

【はたらき②】

ショベルカーは、タイヤを うごかさなくても からだを まわすことが できるので、こうじのときに べんりです。

6 子どもの学びの姿

教材文とモデル文を比べたことで，３段落であることはすぐに気づいた。「やくわり」「つくり」「はたらき」の書き方について，「似たような言葉は何があるかな」と聞くと，「ですから」や「じどう車です」などの意見が出たので，「じどう車ブック」作りでは，決まった書き方があることを確認した。教師のモデル文と同じものを作るということに，最初は，「やってみたいけど難しそう」という反応だった子どもからも，「書き方を真似すればできるかも」と意欲的な言葉が出てきた。

事柄の順序を読む際，「やくわり」と「つくり」のつながりでは，「ですから」という言葉に注目させた。「ですから」という言葉に馴染みがない子どもも，「だから」と言い換えることで，「つくり」について書かれた文章が，３段落ある文章の最初に来てはおかしいと気づいた。「つくり」と「はたらき」では，教材文と教材文とは内容の異なる二つの文章を示し比べることでつながりを理解することができた。それぞれが関係のない文章ではなく，一つの車を説明するためのつながりがある文章だと気づいた。自分が選んだ本で文章を書く際には，「これは『やくわり』だから最初に来て……」など，段落の順序を考えながら活動していた。

乗り物クイズでは，「ショベルがついてるからショベルカーだ」など，楽しみながら「つくり」について学んだ。「その『つくり』を使って，何をするの？」「どんなときに使う車なのかな？」などの教師の質問によって，さらに「やくわり」や「はたらき」ともつながっていった。

自動車ブック作りで児童が選んだ車は，「集配車」「化学消防車」「冷凍車」「水槽車」「タイヤローラー」などがあった。

この授業…

ここがポイント

1　説明の仕方に着目して自作の「はたらくじどう車」に書き換える

本実践では，並行読書した乗り物の本を「じどう車ブック」に書き換えるという言語活動を行っている。「やくわり→つくり→はたらき」を色分けし，視覚的にも段落構成を意識させている。読み手が想像しやすいように言葉を工夫させることで「人より何倍も大きいかご」「大きなブラシ」などの自分なりの書き換え表現ができている。１年生にとって必要な事柄を本や図鑑から取り出すことは難しいが，段落相互の関係・３部構成・説明の仕方を丁寧に扱うことで自分に必要な情報を取捨選択できるように配慮された実践となっている。

2　段落相互の関係を意識させて読む

「やくわり→つくり→はたらき」の内容理解のために，書き方の違う２種類の文章を比較し違いを読む活動を取り入れ，段落相互のつながりに気づかせている。これは，「ながいうでとじょうぶなバケット」という「つくり」がショベルカーの「やくわり」や「はたらき」に不可欠であるという読みにつながる。また，「つくり」から「乗り物クイズ」を行い「やくわり」「はたらき」との関連を楽しみながら理解させている。１年生なりに段落相互の関係にふれることは，文章を書くための思考力や表現力育成のために大切な活動である。

4

おもちゃの作り方の説明文を書こう

教材

「きつつき」（教出）

単元の目標

【読むこと】
・説明文教材「きつつき」の文章構成や説明の順序を読むことができる。
【書くこと】
・説明文「きつつき」の文章構成でおもちゃの作り方の説明文を書くことができる。

1 単元について

●単元における書き換え活動と付けたい力

本単元では，説明文教材の「きつつき」を読んで，おもちゃの作り方の骨子しか書かれていない説明書を，「きつつき」のような作り方がわかりやすい説明文に書き換えるという言語活動を行う。

おもちゃの作り方の説明文を書くという言語活動を通して，「きつつき」という説明文の文章構成や時間的な順序や事柄の順序を捉える力を付けていきたい。これは，主に「C　読むこと」（1）「イ　時間的な順序や事柄の順序などを考えながら内容の大体を読むこと」及び，「B　書くこと」（1）「イ　自分の考えが明確になるように，事柄の順序に沿って簡単な構成を考えること」に関する能力を身に付けることになる。

説明文「きつつき」で学習したことを活かして，自分が作ったおもちゃの説明書を説明文に書き換えるという言語活動では，もとになる説明文を「書く視点で読む」ことを通して説明の書き換えパターンを理解することが重要になる。

説明文「きつつき」を参考におもちゃの作り方を書くために，①文章構成を捉える，②文で表現しにくいところは絵や写真を利用する，③作り方がわかるように具体的な数字や経験したことから知り得たことを入れながら詳細に書く，という３点をポイントに書き換えを行うようにする。また，おもちゃ作りの説明文を書きやすくするために，おもちゃを作っているときに経験の中で得た作り方や遊び方のポイントをメモにとり，説明文を書くときに利用したり（工夫①），書くことが苦手な児童に対して，カードに書くことで訂正しやすいようにしたり（工夫②），絵や写真を準備したり（工夫③）するなどの手立てを工夫する。

●全国学力・学習状況調査との関わり

21年度　B問題1　設問二

「50メートル走の平均タイムの変化」の報告文。見出しから文章構成をつかんだり，文章と表やグラフを関連づけたりして内容を捉える問題である。

この力を付けるための書き換え活動

見出しを読むことによって，説明文の全体構成を考えることができる。また，文章と絵や写真を関連づけて読むことで，書かれている内容を正確に理解する力を付けることができる。

2 単元の学習プロセス（11時間）

つかむ

モデルから学習課題をつかみ見通しを持つ力

●説明文「きつつき」を読み，自分で作ったおもちゃの作り方の説明文を書くという学習課題と学習計画を立てよう。（1時間）
・モデルを見て，これから創作する作品のイメージを持つ。
・生活科で使ったおもちゃの作り方の説明書を，教材文の「きつつき」の説明の仕方を参考にして，書き換える学習計画を立てる。

(1)

書き換える

①おもちゃの作り方の説明文を書くために、教材文「きつつき」から、文章の全体構成や表現の工夫を読み取る力

●自分の作ったおもちゃの説明文を書くために，説明の書き換えパターンについて「きつつき」を分析しながら読もう。（2時間）
①文章構成
番号，見出し，順序を表す言葉を手がかりにしてどのような順序で書かれているかを読む。
②絵や写真の利用
「上の①の写真のように，エナメル線を…」
「⑤のように，ばねのはしを…」
③文章表現の違い
教師自作のきつつきの作り方の骨子が書かれている。
説明書……………………………簡潔に表現している。
詳細はわかりにくい。
教科書説明文きつつき……詳細なこともわかる。
文が長い。　　　　など

ポイント❶ 見出しやキーワードを手がかりにして文章構成に着目する

ポイント❷ 文だけでは，わかりにくいところは，絵や写真を利用していることに着目する

ポイント❸ 文章表現の違いを読む

②「きつつき」の文章構成、表現の工夫など読み深めたことを活かして、おもちゃの作り方を書く力

●「きつつき」を分析しながら読んだことを活かして，おもちゃの作り方の骨子が書かれた説明書を，「きつつき」のような説明文に書き換えよう。（6時間）
①生活科の時間におもちゃの作り方の説明書（作り方の骨子が書かれたもの）を読んでおもちゃを作る。その際に，作りながら気をつけたことなどをメモする。
長さ，大きさ，作り方のポイント，よく動くための工夫など
②見出しや作り方はカードに書き，訂正するときは，消して直すよりその上に貼るようにすると訂正しやすくなる。
③文だけでは説明しにくいところは，絵や写真を利用する。

工夫① ポイントをメモする

工夫② カードに書く

工夫③ 絵や写真を準備する

(8)

振り返る

書き換えの観点から互いの作品のよさを読み取る力

●友達の書いた「おもちゃの作り方」を読み，おもちゃを作って学習の振り返りをする。（1時間）
・おもちゃが作り易いように書かれているのかを話し合う。
●説明文を読んだり書いたりする力，今後に活かしたいことをまとめ，学習の振り返りをする。（1時間）
・説明文を読むときや説明するときの話し方・書き方に活かせるようにする。

(2)

事　後

・日常生活の中で，様々な説明書を読むときに学んだ読み方を参考にする。

3 教師の書き換えモデルと書き換えのポイント

1時間目の「つかむ」の段階で，説明文「きつつき」の形式で書いた教師モデル（資料ア）の「チューブプレーンの作り方」を提示し言語活動のゴールのイメージを持たせる。その後，きつつき説明書（資料イ）と説明文「きつつき」（資料ウ）の書き方の特徴を読み，今回は説明文「きつつき」を真似て書くことを知らせる。書き換えるときは，説明文「きつつき」の書き方の特徴である書き換えのポイント3点に留意する。

「チューブプレーン」というおもちゃを見たことがありますか。ふしぎなかたちをしているひこうきがまっすぐとんでいくおもちゃです。
みなさんも、このおもちゃを作って、よくうごくようにくふうしてみましょう。

教師モデル
（資料ア）

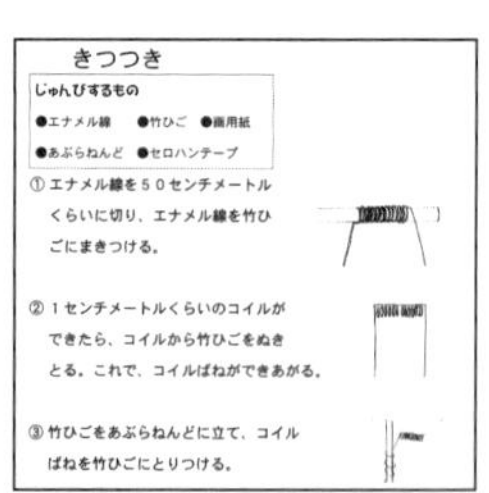

きつつき

じゅんびするもの
●エナメル線　●竹ひご　●画用紙
●あぶらねんど　●セロハンテープ

①エナメル線を５０センチメートルくらいに切り、エナメル線を竹ひごにまきつける。

②１センチメートルくらいのコイルができたら、コイルから竹ひごをぬきとる。これで、コイルばねができあがる。

③竹ひごをあぶらねんどに立て、コイルばねを竹ひごにとりつける。

きつつき説明書
（資料イ）

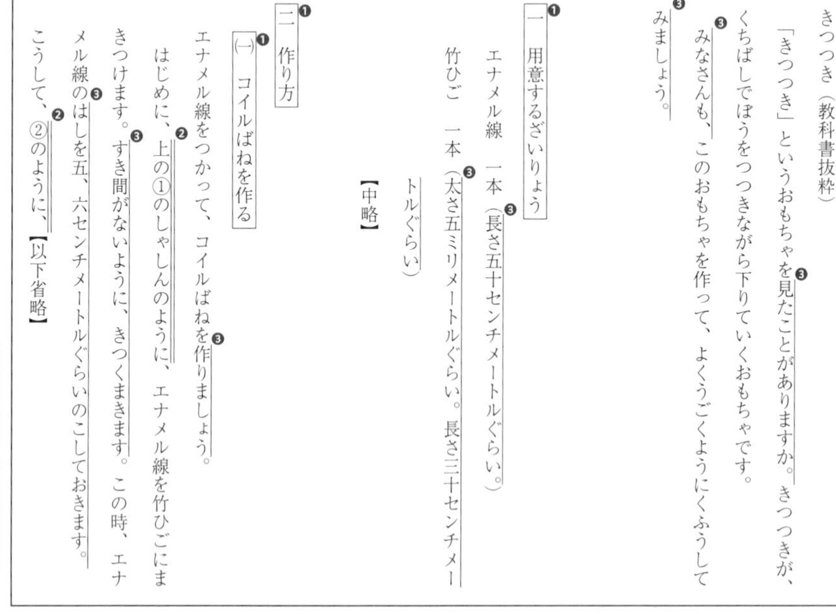

きつつき（教科書抜粋）

「きつつき」というおもちゃを❸見たことがありますか。きつつきが、くちばしでぼうをつつきながら下りていくおもちゃです。
❸みなさんも、このおもちゃを作って、よくうごくようにくふうして❸みましょう。

❶一　用意するざいりょう
エナメル線　一本❸（長さ五十センチメートルぐらい。）
竹ひご　一本❸（太さ五ミリメートルぐらい。長さ三十センチメートルぐらい）

【中略】

❶二　作り方
❶(一)　コイルばねを作る
エナメル線をつかって、コイルばねを❸作りましょう。
❷はじめに、上の①のしゃしんのように、エナメル線を竹ひごにまきつけます。❸すき間がないように、きつくまきます。この時、エナメル線の❸はしを五、六センチメートルぐらいのこしておきます。
❷こうして、②のように、【以下省略】

説明文「きつつき」（資料ウ）

書き換えのポイント❶

文章構成に着目する

章や節の見出しや「一，二」などの番号を書くことによって，説明文「きつつき」の文章構成がわかりやすくなることに気づかせる。

書き換えのポイント❷

絵や写真の利用に着目する

「上の①のしゃしんのように…」「②のように…」など，文だけではわかりにくい内容が写真と関連させることで理解できることに気づかせる。

書き換えのポイント❸

文章表現の違いを読む

「みたことがありますか。」などと，読み手の関心を高めるような文章表現，具体的な数字や「すき間がないように」などの詳細がわかるような表現に気づかせる。

4 子どもの作品と考察

説明書と説明文「きつつき」を比較しながら読み，書き換えのポイントをつかんだあとに，自分が作ったおもちゃの説明文を説明文「きつつき」を真似て書く活動を行った。

説明文を書くときには，書き換えのポイント３点に留意するように指導した。

書き換えのポイント❶

おもちゃの作り方の文章構成がわかるように，児童作品(ア)のように，章の見出しは，一，二の漢数字，節の見出しは(一)(二)の漢数字を使うようにした。番号の種類を変えることによって，章の中に節の内容が書かれていることを理解することができ，全体の文章構成を理解しながら説明文を書くことができた。

書き換えのポイント❷

文章だけではわかりにくい説明の部分を，絵や写真を利用することによって伝えやすくなっている。例えば，児童作品(イ)では，「上の②の絵のように，きりでまん中にあなをあけましょう。」と絵と関連させて説明をしている。

ふたのどの部分に穴を開けるのか，言葉だけではわかりにくいが，絵があることによって理解することができる。

書き換えのポイント❸

作り方の詳細がわかるように，作ったときのことをよく思い出しながら書いている。

例えば，児童作品(ア)では，「この時，たて10センチメートルぐらい，よこ９センチメートルぐらいに切るとうまくできますよ。」と書いている。おもちゃを試行錯誤しながら作った経験を活かし，長さを具体的に書くことによって他の子どもが作り易くなっている。また，児童作品(イ)では「きりは，つかいおわったらすぐにしまいましょう。」と安全面で自分が留意したことを書いている。

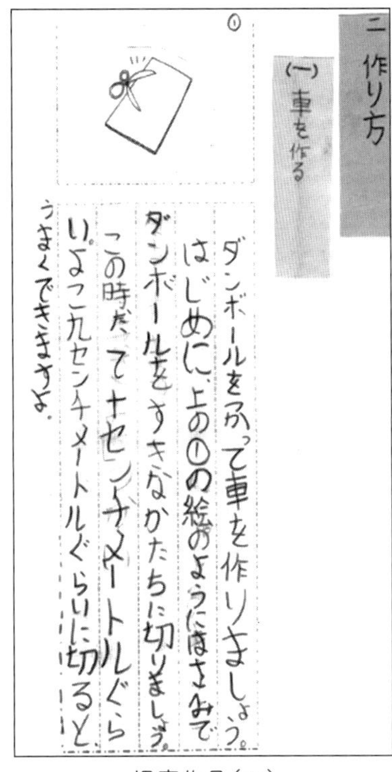

児童作品(ア)

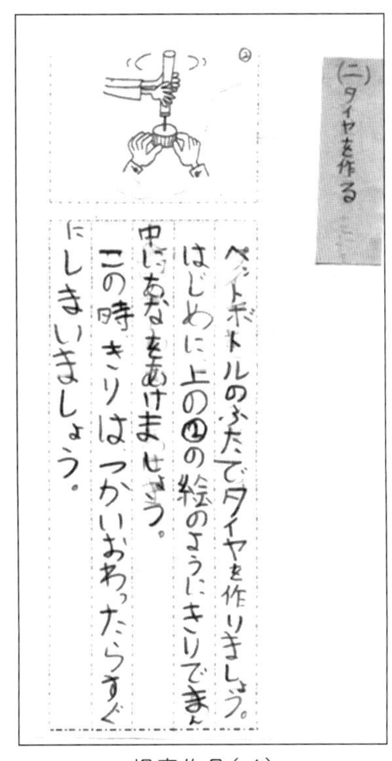

児童作品(イ)

5 書き換え活動を効果的にする工夫

工夫① ポイントをメモする

おもちゃを作ったときに，生活科で使った説明書には書いていなかったが，自分で工夫したこと，注意しなければならないこと，長さや大きさなどを作りながら右記の絵のように付箋にメモをする。そのメモを，作り方を書くときに利用すると，「タイヤをつけるひごをダンボールのすきまにさしこむと，ひごがよく回りタイヤもスムーズに回ります」というように，説明文「きつつき」のように詳細な内容を書くことができる。

わゴムを2，3本にするとスピードがでる
ひごを ダンボールの すきまに さしこむと よく うごく

工夫② カードに書く

どの部分に何が書いてあるのかがわかるように番号だけではなく，章の見出しを水色（右図「二　作り方」），節の見出しをピンク色（右図「(一) 紙コップに，あなをあける。」）のカード（もしくは付箋）に書き添付するようにした。カードの色によって，文章構成の全体が把握しやすくなる。

作り方もカードに書き，訂正したいときは消さずに書き直したものを上から貼ることで，書くことが苦手な子どもの負担を軽減することができる。また，一つの内容を1枚のカードに書くことで形式段落を意識することができる。

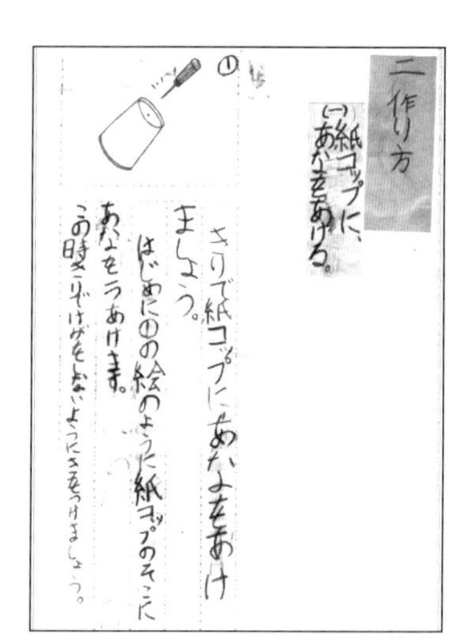

工夫③ 絵や写真を準備する

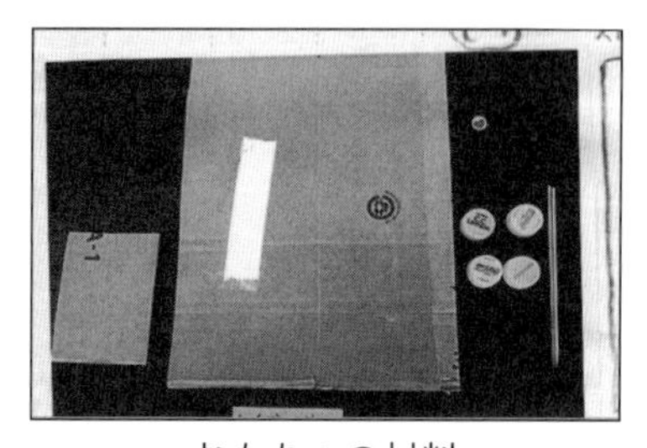
おもちゃの材料

おもちゃの完成品

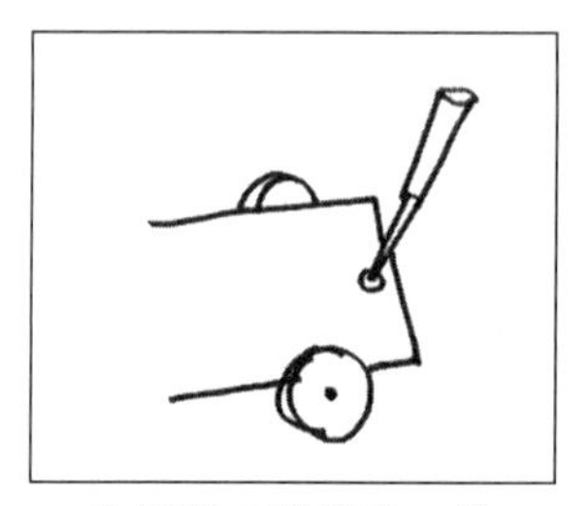
生活科の説明書の絵

生活科の学習でおもちゃを作るときにおもちゃの材料と完成品を写真にとっておくと子どもが絵で描くよりわかりやすい。ただ，おもちゃを作っているときに作り方のポイントを撮影するのは難しいので，その部分は生活科で利用したプリントの絵を利用する。

6 子どもの学びの姿

教師が自作したきつつきの作り方の骨子が書かれている説明書と，説明文「きつつき」を比較しながら，書き方がどのように違うのかを話し合っていった。教科書の説明文「きつつき」だけだと，比較するものがないのでその特徴を捉えにくいが，説明書と比較することで，説明文「きつつき」の持つ特徴を捉えやすくなった。どの子どもも「長さが書いてある」「準備するものがよくわかる」「写真があるとよくわかるね」「エナメル線の巻き方がわかる。親指で押さえるんだ」「番号があるから，作る順番や遊び方がよくわかるよ」など，比較しながらわかったことを積極的に発言していた。それなら，説明文「きつつき」を参考にして「自分が作ったおもちゃの作り方を書こう」と，この学習のゴールが明確になり子どもも意欲が高まっていった。

そして，説明文「きつつき」の作り方がよくわかるのは，どんな書き方をしているのか。どんな書き方がわかりやすいのかを学習した。子どもの発言をまとめていくと，前述した三つの書き換えポイントにまとまっていった。書き換えのポイントを理解することができたので，説明文「きつつき」を真似しながら，番号をつけたり，写真や絵を利用したり，作った時の留意事項を入れながら書いたりすることができた。作文の苦手な子どもも，「真似をして書けばいいんだよね」と言いながら，積極的に取り組んでいた。

それでも，なかなか書けない子どもには，同じおもちゃを作った子どもの説明文を参考にさせながら個別指導した。また，子ども同士で「このように書くといいよ」とアドバイスをしている姿も見られた。

この授業…

ここがポイント

1　「説明書」と「説明文」を比べながら読み，パターンをイメージする

説明文を書く力を付けるためには，説明文の構成をイメージし，キーワードとなる言葉を使って，文章をまとめていくことが大切である。

そのためには，①見出しやキーワードを手がかりにした文章構成を理解する。②絵や写真を利用した文章を，キーワードを使って書く。③文章表現の違いを読み，真似て書く。④真似た文章も自分なりに考え，工夫した自分の文章であると教えて自信を持たせる。この四つが書き換えの抵抗感をなくすポイントである。

2　経験したことを順序よく思い出しながら，書き換える楽しさを味わう

子どもにとって「経験すること」は楽しく大切なことである。ここでは，おもちゃを作る際，楽しい経験を，後で順序よく思い出せるよう，長さ，大きさ，ポイント，工夫したことなどのポイントをメモする指導を子どもの実態に合わせて行う。

その後，色分けした付箋やカードを使用して文章構成を確認しながら，書き換える楽しさを味わわせるよう工夫する。子どもは，楽しいおもちゃ作りの経験を思い出し，付箋やカードを使って，自然に書き換える楽しさを味わうことができる。

5

替え歌を作ろう

教材

「かさこじぞう」(東書・教出)

単元の目標

【読むこと】

・物語を七五調の歌詞に書き換えることを通して，登場人物の行動や会話を中心に想像を広げて読むことができる。

1 単元について

単元における書き換え活動と付けたい力

本単元では，「かさこじぞう」の登場人物の行動や会話を中心に想像を広げて読み，七五調の歌詞に書き換えるという言語活動を行う。物語の好きな場面を歌詞に表す活動を通して，「登場人物の行動」を中心に楽しみながら読み，目的を持って想像を膨らませて読む力を付けるために設定した。これは，主に「C　読むこと」(1)「ウ　場面の様子について，登場人物の行動を中心に想像を広げながら読むこと」に関する能力を身に付けさせようとしている。

本教材では，貧しくとも労わり合い，明るく優しい気持ちで暮らす登場人物の人物像を読み取らせたい。その人物像を表すキーワードを短くまとめる（あらすじ）ために，元歌を真似て歌詞を七五調の４行詩にする。行動や会話・情景描写に登場人物の人柄が表れている。歌詞を人物の行動や会話にまつわるものにし，人物の行動や会話に注意して読む力を育てるようにする。また，誰になりきって（視点）４行詩に書き換えるのかを考えることで，登場人物の心情を深く読み取ることができる。以上の考えに基づいて七五調の歌詞作りという書き換え学習を設定した。

本教材の好きな場面を歌詞に書き換えるために，書き換えのポイント①七音・五音の言葉に着目する，②人物の行動や会話に着目し，七音・五音に書き換える，③表現の工夫に着目して，七音・五音の詩に書き換えるの３点をポイントに４行詩の書き換え活動を進める。人物像の書き換え方を理解し，七音・五音のリズムを体感するために，唱歌の歌詞と昔話を比べたり，歌詞カードや絵本コーナーを設けたりする（工夫①），好きな場面や言葉を選ぶために，本文を何度も読む時間を確保し，好きな場面や言葉に線を引き，付箋を貼る（工夫②），歌詞を紹介する「替え歌ショータイム」で，歌詞を読み合う（工夫③）などの手立てを工夫する。

全国学力・学習状況調査との関わり

22年度　B問題2　設問一

登場人物の行動や場面の移り変わりに注意しながら，あらすじをまとめることができるかを見る問題である。登場人物の行動などの必要な要素を押さえ，与えられた字数で要約する力が必要となる。

この力を付けるための書き換え活動

本単元では，お気に入りの場面を七音・五音の４行詩に書き換えるという目的のもと，昔話とその歌の比べ読みをすることで，場面のあらすじをまとめ簡単な詩に書き換える方法に着目させることができる。

2 単元の学習プロセス（10時間）

つかむ

モデルから学習課題をつかみ見通しを持つ力

●「かさこじぞう」のお気に入りの場面を替え歌にするという学習課題をつかみ，学習計画を立てよう。（1時間）
・「かにむかし」の替え歌の教師モデルを見て，どう書き換えられたのか考え，長い話を七音・五音に短くする方法を知り，これから創作する歌のイメージを持つ。
・お気に入りの場面を見つけ，自作の替え歌に書き換えるには，どのような学習をすればよいか考え，学習計画を立てる。

教師のモデル

ポイント❶ 七音・五音の言葉に着目する

(1)

書き換える

①自分の替え歌の歌詞を書くために人物の行動を中心に、人柄や構成、表現などの観点に沿って読み取る力

●4行詩の替え歌にするために，「かさこじぞう」を詳しく読もう。（6時間）
①登場人物の行動や会話から人柄や心情や情景を読み取る。
②表現の特徴（語りはじめや終わり・方言）をつかむ。
③場所や時を捉えて構成を読む。（場面分け）
④「じいさまとばあさま」の優しさに焦点を当てて読み深める。全文の行動や会話等から，優しさが表れている文や言葉に赤線を引き，気に入った表現に付箋を貼る。
⑤昔話特有の表現に青線を引き，語り口の効果を読み取る。
⑥いろいろな歌を歌い，七音・五音のリズムを体感するとともに，書き換えのポイントを使って，みんなで場面1の替え歌を作る。気に入った表現を出し合い，七音・五音に書き換え，人物像や昔話の語り口が表現された4行詩（替え歌）に書き換える。

ポイント❷ 人物の行動や会話に着目し，七音・五音に置き換える

ポイント❸ 表現の工夫に着目する

工夫② お気に入りの場面や言葉に印をつける

②人物の行動、表現などの観点に沿って読み広げたことを活かして、歌詞を書く力

●お気に入りの場面を歌詞に書き換えよう。（2時間）
①ワークシートに書く
何度も音読し，好きな場面を決める。
使いたい言葉の付箋を残し，ワークシートに書く。
誰の視点で書くのかを考える。
場面1の学習，書き換えのポイントを活用して七音・五音の4行詩を書く。
替え歌ショータイム①
②場面1の替え歌作りを活用して，ワークシートに歌詞を書く。小グループで歌い，表現を吟味する。
替え歌ショータイム②
・アドバイスを活かして，見直した歌詞をみんなの前で歌う。

工夫③ 替え歌ショータイムを設ける

(8)

振り返る

書き換えの観点から互いの歌詞作りの工夫を読み取る力

●「かさこじぞう」の歌詞を読み合い，感想を述べ合う。（½時間）
・読みの視点がどのように活かされているかを意識しながら，友達の作品の良さを見つけるようにする。
●歌詞を作るときのコツやできるようになったこと，今後に活かしたいことをまとめ，学習の振り返りをする。（½時間）

(1)

事後

・いろいろな昔話の本を紹介し合い，今後の読書の幅を広げる。

工夫① 事前読み聞かせ・昔話コーナーの設置（歌詞カードの準備・七音五音のリズムを体感する）

3 教師の書き換えモデルと書き換えのポイント

第１次で，ゴールのイメージを持たせるために下のモデルを示した。

昔話と歌詞を対応させながら，昔話のどの部分を五七五の歌詞に書き換えたのかを考えさせることで，お気に入りの場面の歌に書き換えるときのポイントに着目させることができた。

【昔話】

かにむかし

（筆者再話）

とんとむかし。

ある日のこと，かにはごそごそと谷をあるいていたと。なんとおむすびがおちていた。

「やや，いいもん見つけた。」

と，大よろこびしてひろって帰ったとさ。

ところがそこへ，ずるがしこいさるがひょっこりやって来て，楽しそうに言ったって。

「かきのたねをひろったぞ。これをまけば，めが出て，おいしいかきの実がわんさかなるぞ。たのしみだな。ほしかったらむすびとかえてやってもいいぞ。」

「ほんと，かえてくれるの。」

かには，うれしくなってむすびととりかえ，たねをまいて，大じにそだてたとさ。

（略）

【４行詩（替え歌）】

むかし話の歌　さるかに

とんとむかしの　かにばなし

だまされむすびと　かきのたね

とりかえかには　たねまいて

まい日せわし　実をまった

書き換えのポイント❶

七音・五音の言葉に着目する

お気に入りの言葉を選ぶときに，七音・五音かそれに近い言葉に印をつけ，その言葉を使用して４行詩に書き換える。

書き換えのポイント❷

人物の行動や会話に着目し，七音・五音に置き換える

選んだお気に入りの言葉や文を七音・五音に書き換えるときに，読み取った人物像にふさわしくて，本文と違う言葉に置き換える。

書き換えのポイント❸

表現の工夫に着目する

人物の行動の他に，話の始めや終わり・方言などの昔話独特の表現やオノマトペなどに着目して，書き換える。

4 子どもの作品と考察

書き換えのポイント❶

お気に入りの場面を取り上げ替え歌のキーワードをそのまま使っている。

じいさまとばあさまの視点から書き換えている。

繰り返しに待っているばあさまを気遣う気持ちが表れている。

字足らず，字余りがあるが，早口で歌ったり，伸ばして歌ったりしていた。

かさこじぞう

四 場めん

一 キーワード（場面のようすやじさま・ばさまのきもちを表す大じな言葉）

まねごと
もちこなし
つめたかろうのう

二 歌しをかんがえよう。

ばあさまばあさま　今帰った
おおじいさま　つめたかろう
やれやれとうとう　もちこなし
もちつきまねごと　しようかのう

三 五七五であらわそう。

もちつきのまねごと二人でしましたよ

児童作品①

書き換えのポイント❷

歌ってみてから「じぞうさまを」と「を」入れて五音から六音にしている。吹っきさらしの野原に地蔵を見つけたじいさまの驚き，寒さから守りたいという優しさを出す「を」である。七音に近づけようとし，書き換えのポイントを意識した書き換えができた。

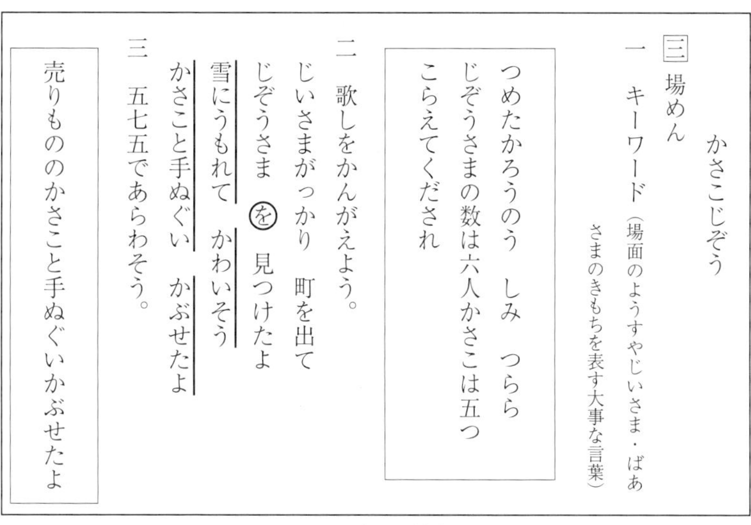

かさこじぞう

三 場めん

一 キーワード（場面のようすやじいさま・ばあさまのきもちを表す大事な言葉）

つめたかろうのう　しみ　つらら
じぞうさまの数は六人かさこは五つ
こらえてくだされ

二 歌しをかんがえよう。

じいさまがっかり　町を出て
じぞうさま　を　見つけたよ
雪にうもれて　かわいそう
かさこと手ぬぐい　かぶせたよ

三 五七五であらわそう。

売りもののかさこと手ぬぐいかぶせたよ

児童作品②

書き換えのポイント❸

選んだキーワード「つめたかろうのう」から，「かわいそう」を，地蔵の数と笠の数から，「かさこと手ぬぐいかぶせたよ」と読み取ったじいさまの優しさを表す五音・七音に書き換えている。キーワードをそのまま使わず，吹雪の中のじいさまの行動から読み取ったじいさまの心情を歌詞にすることができた。

1行目の「がっかり」の中に年越しの準備をしたいと帰りを待つばあさまへの優しい気遣いも込めている。雪に埋もれた地蔵様への思いやりの心が後半の2行に表れている。登場人物の行動から想像を広げて読むというねらいを達成した替え歌になった。

5 書き換え活動を効果的にする工夫

工夫① 事前の読み聞かせや昔話コーナーの設置

昔話独特の表現や昔話の世界に浸るため，単元に入る前から，日本の昔話の読み聞かせをし，その本は教室に置くようにする。さらに，学校図書館司書との連携を図り，昔話の本を集めてもらったり，子どもの家にある本を持ち寄ったりして，読みたい本を手にできる環境づくりをする。

また，昔話の歌を音楽の時間に歌ったり，歌詞を本の横に置いて話と歌詞を比べたりするようにし，自分が作詞するときの参考にさせる。（うらしまたろう，ももたろう，など）

たくさんの昔話や昔話の歌に触れることにより，七音・五音のリズムが身に付く。また，昔話独特の言葉の使い方にも気づき，替え歌に書き換えるときに役立つのである。

工夫② お気に入りの場面や言葉を見つけるために印をつける

お気に入りの場面を詩に書き換えるために，自分のお気に入りの場面を決めることが必須である。そのために，一読したときから「気に入ったところ」「気に入った言葉」「大好きな登場人物」「昔話独特の表現」を意図的に考えさせ，付箋やアンダーラインで明示する。登場人物の行動や会話等の読み取り学習の最後に，今日の学習のお気に入りの言葉をノートに書き，好きな理由も付けてペアで対話したり，みんなに発表したりする。「おらのでわりいが」「これでええ，これでええ」「ええことをしなすった」「ずっさん，ずっさん」「よいお正月」など，じいさまとばあさまの優しさや無事にお正月を迎えられた喜び，重い俵を置く様子などを表す語句や文を紹介し合う。

読み取りが終わったら，何か所にも貼ってあった付箋を減らし，一番替え歌にしたい場面を残す。この付箋をはがす活動で，今までの学習をたどり，自分がどの場面に強く惹かれたのかがはっきりし，どの場面の替え歌に書き換えたいのかが明確になる。

工夫③ 七五調の歌詞に書き換える方法を身に付けるための替え歌ショータイムを設ける

子どもは，指を折りながら七音・五音の言葉を探る。教室のあちこちで，鼻歌が聞こえてくる。うまく七五調に書き換えられない子がいる。そこで，書き換えが終わらなくとも，出来上がったところまでを伴奏に合わせて歌う「替え歌ショータイム」を設ける。歌うことによって，歌い難い言葉に気づいたり，続きが浮かんだりするからである。進んで歌う雰囲気づくりのために，人前で歌うことが大好きな子を指名し，「自分も歌ってみようかな」と意欲を喚起させ，自主的にショータイムに参加し，自分の詩で歌う楽しさを味わえるようにする。

教師の伴奏でも喜ぶが，ピアノ伴奏が上手な子に活躍の場を設ける。7，8人歌ったら，シンキングタイムに戻し，言葉を吟味したり続きを書いたりする。進まない子には，友達からヒントを得たり，友達の歌を真似たりしてもよいことにする。意欲の持続とショータイムに参加する喜びを持たせ，言葉の吟味に挑戦する向上心を揺り起こす。

6 子どもの学びの姿

昔話を短くまとめ，４行詩の替え歌にできるのかと心配顔の子もいたが，昔話と歌の比較学習や「かさこじぞう」の場面１の替え歌作りで書き換えのポイントがわかるとどんどん書き進められた。指を折って七音・五音を数え，「この言葉だと多いなあ」「違う言い方をしたら？」などのつぶやきやアドバイスが聞こえてきた。早くできた子どもが伴奏に合わせて歌い始めると，我も我もと歌う。「これでは歌えない」と字数を修正する子，書き換えのポイント表を読み返す子等，目標達成のために何度も本文を読み返して言葉を選んだ。歌うことで七五調のリズムに合う言葉か否かがわかった。書き進められない子は，友達の歌詞を聞き，悩んでいた部分を真似たり，お気に入りの言葉をそのまま使用したりして書き上げ，嬉しそうに歌っていた。

登場人物の行動や会話を中心に読み，じいさまとばあさまの明るくて優しい人柄を読み取ったので，じいさまの視点でじぞうさまやばあさまに語りかけるような４行詩が多くなった。のどかな山里の風景を思い描いた詩や，オノマトペで吹雪や正月の馳走を運ぶ様子を表した詩もあった。どれも自慢の歌詞で，工夫③のショータイムでは，楽しんで歌い，七音・五音を意識したアドバイスや自分の詩と比べた感想など，積極的な交流が見られた。歌のリレーも子どもの発想で生まれ，話がわかるように場面の順に歌っていた。

CD 化し聞き返すことで，自分の歌詞を振り返る場となった。４行詩に書き換えると，本文の内容を短くまとめられることを知った。語彙を増やすこともできた。また，七五調のリズムが心地よい歌になり，詩の意味もわかりやすいと気づくこともできた。

この授業…

ここがポイント

１　お気に入りの七音・五音に着目して読む

物語の学習では，低学年はお気に入りを見つけながら読むことが大切である。本実践では，「かさこじぞう」の文章を七音や五音の言葉に着目しながら読み，替え歌の歌詞に書き換える活動を取り上げている。歌詞の形式に書き換えるために，子どもは言葉に目を向けて物語を読み，その中からお気に入りの七音や五音の言葉を選び，音数を調整し替え歌として表現している。「物語の言葉をそのまま使ってよい」という手立ては，特に語彙の少ない子どもにとっての負担感を軽くし，課題に向かって主体的に学ぶことを支援するものである。

２　人物の行動や会話，表現に着目して読む

民話や昔話は，現代とは異なる世界を豊かに想像しながら読む楽しさがある。そこで，本実践では，民話らしい「人物の行動や会話」や「情景などの表現」に着目して読み，書き換え活動を行った。児童は，「つめたかろうのう」「もちこなし」「とんぼりとんぼり」などの「かさこじぞう」らしい言葉に着目して歌詞を作っている。替え歌に書き換えることを通して，貧しさの中でもいつも優しく明るいじいさまとばあさまの人柄や，山里の厳しい自然の中での二人の温かさを，豊かに想像しながら読んでいる様子が伝わってくる実践である。

6

カードの文章と本の文章を比べよう

教材
「ふろしきはどんなぬの」（東書）

単元の目標
【読むこと】
・カードと本の文章という二つの文章を読み比べ書き換える活動を通して，それぞれの説明の様式の違いや特徴を理解することができる。
・本の文章から大事なところを抜き出し，適切に書き抜くことができる。

1 単元について

●単元における書き換え活動と付けたい力

本単元では，ふろしきについて書かれたカードと本の文章の二つの文章を読み比べ，説明の様式の違いや特徴を理解し，本の文章をカードに書き換える言語活動を行う。

この２つの文章を読み比べる言語活動を通して，場や状況，目的に応じて最適な文章構成や表現形式があることを理解する力を身に付けていきたい。これは，主に「C　読むこと」（1）「イ　時間的な順序や事柄の順序などを考えながら内容の大体を読むこと」及び，「エ　文章の中の大事な言葉や文を書き抜くこと」に関する能力を身に付けさせようとしている。

今まで子どもたちが触れてきた文章といえば，そのほとんどが長く詳しく書かれた説明文であった。しかし，この言語活動を行うことによって生活の中には様々な様式の説明の文章があり，目的や意図，場や状況に応じて変えたほうが効果的であることを理解させる。説明文からカードの箇条書きの様式に書き換えるためには，ふろしきについての本の文章とカードの文章を読み比べ，それぞれの文章構成や説明の様式の違いや共通点をまとめる必要がある。その活動の中で，それぞれの文章をどんなときに使うと効果的かを理解することができると考えた。

また，説明文を箇条書きの様式に書き換えることは中学年の要約の学習になると考えられる。

説明文からカードに書き換えるために，①文の数や一文の文字数などの項目を立てて二つの文章を書き方の違いを比較しながら読む，②説明文から大事なところを抜き出す，③わかりやすくするための文章の工夫を考えて書く，の３点をポイントに書き換えを行う。また，書き換えをより効果的にするために，実際にふろしきの便利さを体感させたり（工夫①），音読や視写を行ったり（工夫②），板書の工夫をしたり（工夫③）するなどの手立てをとる。

●全国学力・学習状況調査との関わり

26年度　B問題3　設問三
二つの詩を比べて読み，内容の表現の工夫を捉えるとともに，それらについて自分の考えを書く問題である。

この力を付けるための書き換え活動
本単元では，二つの文章を読み比べ，特徴を押さえてから，本の文章からカードの文章への書き換えを行う。比べていく中で目的や意図に応じて表現の工夫や説明の工夫が変わるということや，書き換える中で大切な部分を取り出し整理する力を付けることができる。

2 単元の学習プロセス（９時間）

つかむ

モデルから学習課題をつかみ見通しを持つ力

●二つの文章を読み比べて説明の仕方の違いとそれぞれのよさを考えるという学習課題と学習計画を知ろう。（１時間）
・ふろしきを実際にさわって，どのように使うのか興味関心を持つ。
・ふろしきについて書かれたカードを見てイメージを持つ。
・計画の説明を聞き，学習の見通しを持つ。

（1）

書き換える

①説明文と，カードの文章それぞれの説明の違いや特徴を読み取る力

●ふろしきについて書かれた「本の文章」と「カードの文章」の二つの文章を比べて読み，それぞれの説明の違いや特徴を考えよう。（４時間）
①二つの文章の共通点を意識しながら音読や視写をする。また，二つの文章を読み比べて線を引きながら，大事なことが書かれているところを見つける。
②二つの文章のちがうところを見つける。 ｛項目…文の数
文字の数
③本の文章の線を引かなかった部分に書かれていることを考える。
例）例え・理由
④表現の違いを考え，違いがある理由とそれぞれの良さを考える。

②説明文から，カードの文章に大切な言葉を残して箇条書きでわかりやすく書く力

●ランドセルについて書かれた文章をもとに，箇条書きのカードに書き換えよう。（３時間）
①ランドセルについて書かれた本の文章から，大事なところを抜き出し，カードの文章に書き換える。
②本の文章から，一目で分かりやすく短いカードに書き換えができているか，もっと見やすいカードにするにはどうしたらよいかを話し合う。

（7）

振り返る

書き換えの観点から互いの作品のよさを読み取る力

●ランドセルについて書いたカードを読み合い，互いのよさを伝え合う。（½時間）
・読み深めてきた視点がどのように活かされているかを意識しながら，友達の作品の良さを見つけるようにする。

●目的や使う場所によって文章の表現を変えることが効果的であることを押さえ，学習の振り返りをする。（¼時間）
●説明文から箇条書きの文章に書き換えるためのポイントを振り返る。（¼時間）

書き換えるためのポイント
①説明文から伝えたい大事な一文を抜き出す。（例や理由は大事な文ではなく，付け足しであるので抜き出さないことを押さえる。）
②接続詞，主語は消し，語尾はさらに短い文末に直す。

（1）

事　後

・身近なものでカードを作ったり，身の回りにあるカードのような文章を探したりする。

教師のモデル

工夫①
ふろしきコーナーを用意する

工夫②
音読や視写を行う

ポイント❶
項目を立てて二つの文章構成の書き方の違いを比較しながら読む

工夫③
板書を工夫する

ポイント❷
説明文から大事なところを抜き出す

ポイント❸
箇条書きの文章の工夫を考えて書く

3 教師の書き換えモデルと書き換えのポイント

教科書の教材文を読み，書き換えのポイントを押さえていく。

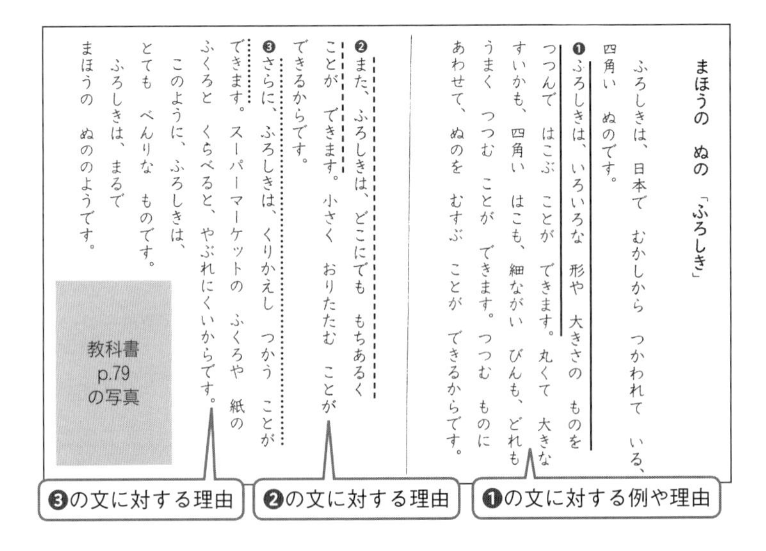
まほうの ぬの「ふろしき」

ふろしきは、日本で むかしから つかわれて いる、四角い ぬのです。

❶ふろしきは、いろいろな 形や 大きさの ものを つつんで はこぶ ことが できます。丸くて 大きな すいかも、四角い はこも、細ながい びんも、どれも うまく つつむ ことが できます。つつむ ものに あわせて、ぬのを むすぶ ことが できるからです。

❷また、ふろしきは、どこにでも もちあるく ことが できます。小さく おりたたむ ことが できるからです。

❸さらに、ふろしきは、くりかえし つかう ことが できます。スーパーマーケットの ふくろや 紙の ふくろと くらべると、やぶれにくいからです。

このように、ふろしきは、とても べんりな ものです。

ふろしきは、まるで まほうの ぬののようです。

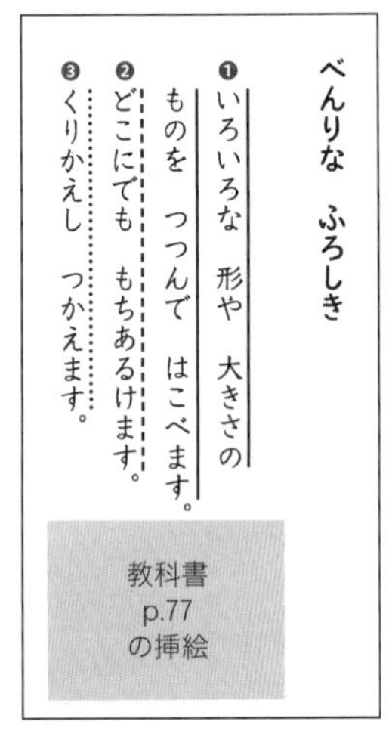
べんりな ふろしき

❶いろいろな 形や 大きさの ものを つつんで はこべます。

❷どこにでも もちあるけます。

❸くりかえし つかえます。

書き換えのポイント❶

項目を立てて二つの文章構成の書き方の違いを比較しながら読む

文の数や，文字の数の違いをもとに２つの文章を比較しながら読む。

項目	カード	本
文の数	３文	10文
文字の数	①24文字 ②13文字 ③11文字	①35文字 ②27文字 ③26文字

書き換えのポイント❷

説明文から大事なところを抜き出す

両方の文章を比べて読むと(1)(2)(3)では，同じことが書かれていることがわかる。これは，ふろしきの便利さについて伝えたい大事な文である。

本の文章には，この大事な文の他に詳しい付け足しが書かれている。(1)の部分ではいろいろなものが包めるという詳しい例や「～からです。」という語尾から理由が書かれていることがわかる。例や理由は大事な文ではないことを押さえる。

書き換えのポイント❸

箇条書きの文章の工夫を考えて書く

同じことが書かれている二つの文章を比べていくと，箇条書きの文章の工夫がよくわかる。

(2)の「「また，ふろしきは，どこにでも…」が「どこにでも…」となり，箇条書きにする時には，接続詞や主語を削ってもよいことがわかる。

また，文末は「もちあるくことができます。」が「もちあるけます。」となり，文章をなるべく短くするための工夫がされていることがわかる。

4 子どもの作品と考察

書き換えのポイント❶

3に示した教師書き換えモデルの項目（文の数・文字の数）を表にして書き込ませたところ，ほとんどの子どもが正確に数え表を完成させることができた。

書き換えのポイント❷

ふろしきの学習では，クラス全体でふろしきのカードと比べて読み，文章の中の大事な文を抜き出すことができた。次に，手引きの「まほうのかばんランドセル」を使って説明文を箇条書きのカードに書き換える活動を行った。この文章は，「ふろしきはどんなぬの」の説明文と構成が同じであるため，前の学習を生かして，自力でカードに書き換えることができた。

「まほうのかばんランドセル」を読んで，すぐにわかるランドセルカード作りを行った。まず，説明文からカードに載せる大切な文章を見つけさせ，線を引かせた。「ふろしきはどんなぬの」で学んだ通り，例や理由などの付け足しの文ではなく，ランドセルの便利さがわかる大事な文を抜き出すことができた。また，色分けをしながら線を引く子どもの姿も見られた。

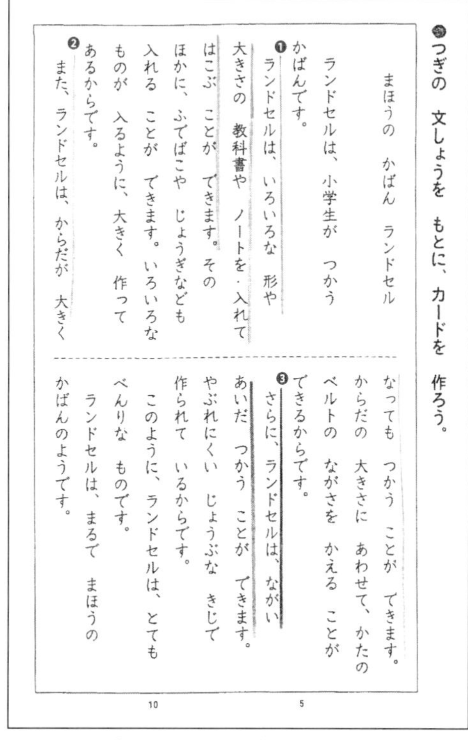

つぎの　文しょうを　もとに、カードを　作ろう。

まほうの　かばん　ランドセル

ランドセルは、小学生が　つかう　かばんです。

❶ランドセルは、いろいろな　形や　大きさの　教科書や　ノートを・入れて　はこぶ　ことが　できます。その　ほかに、ふでばこや　じょうぎなども　入れる　ことが　できます。いろいろな　ものが　入るように、大きく　作って　あるからです。

❷また、ランドセルは、からだが　大きく　なっても　つかう　ことが　できます。からだの　大きさに　あわせて、かたの　ベルトの　ながさを　かえる　ことが　できるからです。

❸さらに、ランドセルは、ながい　あいだ　つかう　ことが　できます。やぶれにくい　じょうぶな　きじで　作られて　いるからです。

このように、ランドセルは、とても　べんりな　ものです。ランドセルは、まるで　まほうの　かばんのようです。

10　5

手引きの「まほうのかばんランドセル」の文章に子どもが大事な文に線を引いたもの

書き換えのポイント❸

大事な文を抜き出した後は，その文をさらにわかりやすくするために，接続語や主語を省略し，文末表現を工夫して短い文にまとめることができた。

「まほうのかばんランドセル」の①の文の中に含まれている「教科書やノート」は例ではないかという意見が子どもの中から出てきた。例を省略するという書き換えのポイント❶と合わせながら，カードの文章に書き換えることができた。

書き換えポイント❸をもとに書き換えを行ったA児

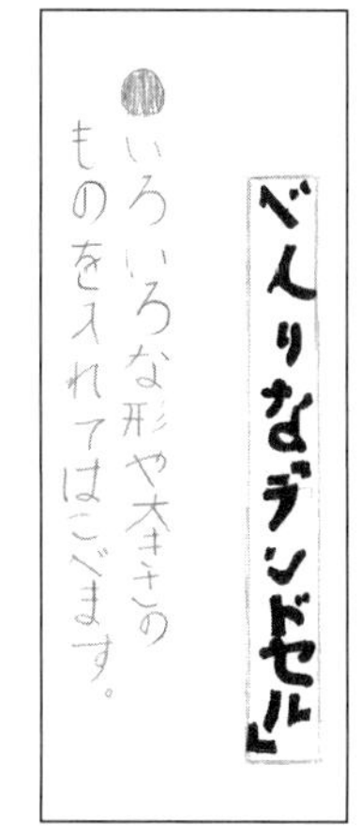

書き換えポイント❷と❸を合わせて書き換えを行ったB児

5 書き換え活動を効果的にする工夫

工夫① ふろしきコーナーを用意する

教科書の本文で説明されているふろしきは，子どもにとってはあまり身近なものではない。そのため，文章を読んだだけではふろしきについての便利さが理解できない子どももいる。そこで，文章で書かれていることを体感させたいと思い，教室の一角にふろしきコーナーを用意した。用意したものはふろしきと，いろいろな包み方が書いてあるカードである。休み時間中もいろいろなものを包んでいる姿が多く見られ，ふろしきの便利さを実感しているようだった。

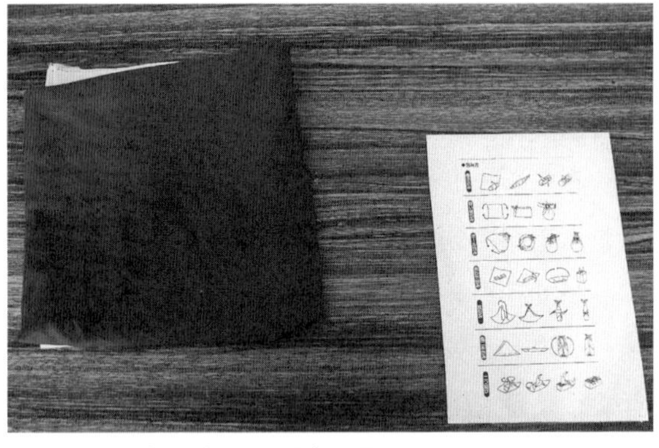
ふろしきと包み方の説明書を置いたふろしきコーナー

工夫② 音読や視写を行う

ふろしきについて書かれているカードの文章と本に載っていた文章を繰り返し音読したり，視写したりした。文章を読むことが苦手な子どもも，声に出して読んだり，文章をよく見ながら書き写したりしていく中で，自然と二つの文章を読み比べて同じことが書かれている箇所や様式の違いに気づくことができ，この後の読み取りの活動に取り組みやすかった。

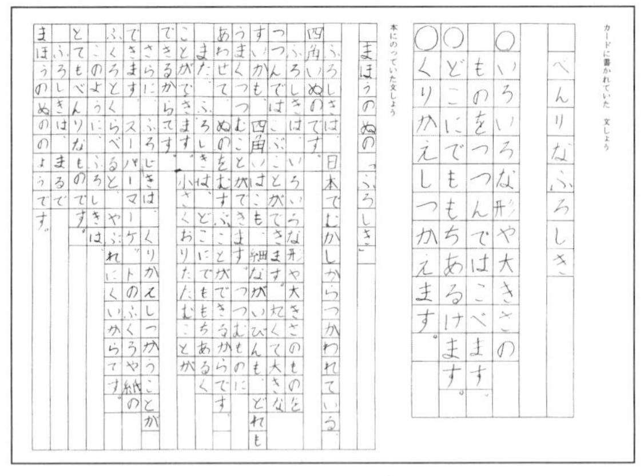

視写で使用したプリント

工夫③ 板書を工夫する

教科書の文やプリントを拡大して掲示しながら学習を進めていった。子どもが手元で行っている作業と同じことが黒板でもできるので，今何をやっているのか，どういう風に文章を比べて読めばよいのか明確にすることができた。また，大事な文を色分けして掲示したことも読み取りが苦手な子にとって有効であった。

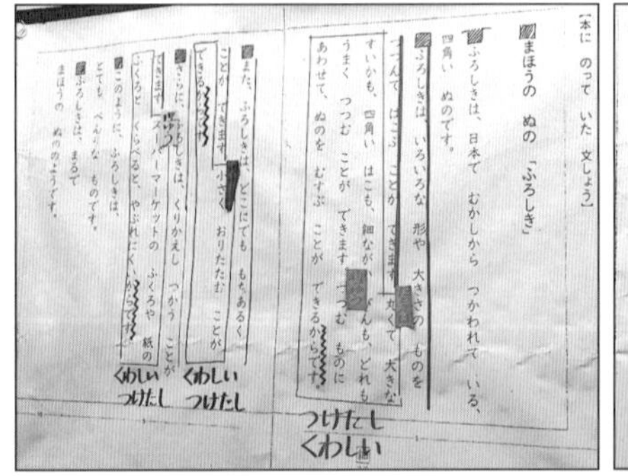

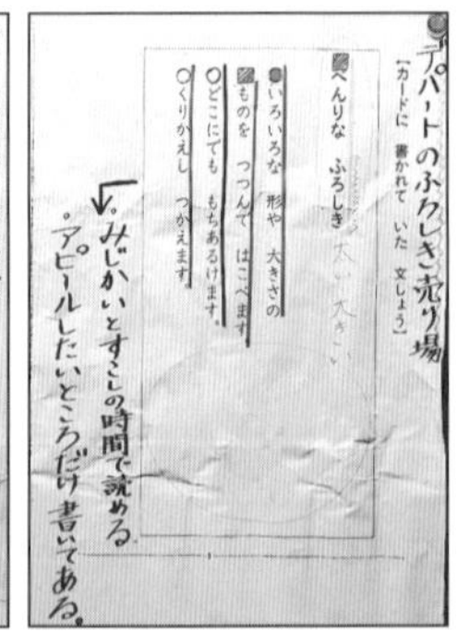

教科書の本文を拡大し，書き込んだもの

6 子どもの学びの姿

二つの文章を読み比べるということは，２年生にとって新鮮な学習であり，まるで間違い探しのゲームを解くように，主体的に取り組んだ。１文目を読み比べているときは不安そうだったが，２文目，３文目は同じ言葉が入っている文を見つければよいなどの視点がわかってきて，進んで取り組む姿が見られた。繰り返しが多い学習であるため，読むことに困難を抱えている子どもも，繰り返す中できまりを見つけて理解を深めていた。

また，ランドセルの書き換え活動のときには，教室に掲示してあるふろしきの学習で使用した模造紙を読み返しながら，自力でカードを作ることができた。「すぐに見てわかる」という目的も意識していたので，文章の見やすさはもちろん，絵や題名にも目を引く工夫をしている子どもが多くいた。Ｃ児の「短い文を使い分けることで，とてもわかりやすくなるのだなと思いました。楽しかったです」という感想からも文の使い分けとその効果について理解が深まったことがわかる。

日頃，国語の読み取りが苦手なＤ児も，「ふろしきはどういうものなのかがわかって楽しかった。家でもカードを作ってみたいです」という感想からわかるように文章を比べたりカードに書き換えたりするという目的をもって読むことにより，文章の内容をよく理解して活動に取り組んでいた。ふろしきやランドセルの便利さを実感しているようだった。

この授業…

ここがポイント

１　読み比べを通して，文章からカードへの書き換え活動をする

本実践では，カードと本の文章を読み比べ，書き換える言語活動を行っている。様々な様式の文章がある中，目的や意図に応じた書き方・述べ方があることに気づかせ，それぞれの文章を効果的に使えるよう活用力を付けることを目指した実践でもある。二つの文章の共通点，相違点に着目させることで比べる観点をはっきりさせている。さらに文字数や文の数を比べることで，同じ内容をカードでは短く表現していることに気づかせている。これは，中学年での要約・要点指導につながる言語活動である。ここに本実践の「カードに書き換える」活動の意義がある。

２　目的に応じ，大切なところに着目して読む

「すぐ見てわかる」カードを作るという目的を与えることで，読み手に「伝えたいこと」がしっかり伝わるように，大事なところを抜き出さなければいけないという意識を持たせている。さらに箇条書きにするとき，同じことが書かれている文を比べることで，文を短くするために必要なもの，省いてもよいものがあるという視点を持たせている。大人でも，情報を選択することよりも，いらない情報を見極め捨てることの方が難しい。何が必要な情報で何がいらないか目的に合わせて取捨選択する力を育てるための第一歩としても価値のある実践である。

7

シナリオに書き換えよう

教材
「わすれられないおくりもの」
（教出）

単元の目標
【読むこと】
・「わすれられないおくりもの」（物語）をシナリオに書き換えることを通して，登場人物の心情，関係について，想像を膨らませて読むことができる。

1 単元について

●単元における書き換え活動と付けたい力

本単元では，会話文のない「わすれられないおくりもの」を，登場人物の人柄や心情，関係について想像を膨らませて読み，読み深めたことを活かしてペープサート劇のシナリオに書き換えるという言語活動を行う。

地の文だけで書かれた物語を，会話で構成されたシナリオに書き換えるという言語活動を通して，登場人物の行動や性格にもとづき，場面の展開に即して変化する気持ち，登場人物の関係を捉える力を付けさせるために設定した。これは，主に「C　読むこと」（1）「ウ　場面の移り変わりに注意しながら，登場人物の性格や気持ちの変化，情景などについて，叙述を基に想像して読むこと」に関する能力を身に付けさせようとしている。

物語をシナリオに書き換えるという言語活動では，もとになる物語を「書く視点で読む」ことが必要になる。そのためには，登場人物の人柄や性格，関係，物語の場面設定などを読み取り，叙述をもとに想像を膨らませて読む力を付けることができると考え，この書き換え活動を行うこととした。

地の文だけで書かれた物語を，会話で構成されたシナリオに書き換えるために，①登場人物の人柄や性格，関係を人物関係マップに描いて読み取る，②時間を表す言葉をもとに場面に分ける，③会話文だけでは表現しきれない部分においてト書きという表現方法を用いる，という３点をポイントに書き換えを行うようにする。実際にペープサートを動かして，会話文を考えさせる（工夫①），全ての役を演じてみる（工夫②），演じたらすぐに書き留める（工夫③）などの手立てを工夫する。

●全国学力・学習状況調査との関わり

27年度　B問題1　設問三
インタビューした聞き書きを，新聞記事に書き換えるという問題である。そのときの表情や声の調子を合わせて，一文という条件のもと，字数制限のある中で書く力が必要となる。

この力を付けるための書き換え活動
本単元では，地の文だけで会話文のない物語を，シナリオに書き換えるという目的のもと，登場人物の人柄や性格，そのときの様子を読み取り，人物に見合った口ぶりや，状況を表すト書きに書き換えることができるようにする。

2 単元の学習プロセス（10時間）

つかむ

モデルから学習課題をつかみ見通しを持つ力

●「わすれられないおくりもの」には会話文のないことに気づき，シナリオを書くという学習課題をつかみ，学習計画を立てよう。（1時間）
・モデルを見て，これから創作する作品のイメージを持つ。
・会話文の連続によって書かれているシナリオに書き換えるには，どのような学習をすればよいか考え，学習計画を立てる。

(1)

書き換える

①シナリオを書くために，登場人物のペープサートを作り，登場人物の人柄や気持ちを引き出す力

●ペープサート劇のシナリオを書くために，「わすれられないおくりもの」を分析しながら読もう。（2時間）
①登場人物は誰か（ペープサートの作成）。
②それぞれの人柄，性格はどのようなものか。
③どのような一人称を用いるか。
（あなぐま　もぐら　かえる　きつね　うさぎのおくさん）
④時間を表す言葉を見つけ，劇をする際の場面分けをする。

1	あなぐまは	2	ある日のこと
3	夜になって	4	次の日の朝
5	その夜	6	春が来て
7	最後の雪が消えたころ	8	あるあたたかい春の日に

ポイント❶ 登場人物の人柄や性格を人物関係マップに描く

ポイント❷ 時間を表す言葉をもとに場面に分ける

②引き出された登場人物の人柄や気持ちを活かし，ペープサート劇のシナリオを書く力

●「わすれられないおくりもの」を分析しながら読んだことを活かして，ペープサート劇のシナリオに書き換えよう。（6時間）
①ペープサートを実際に動かしながら登場人物になりきり，気持ちを想像しながら，登場人物の口ぶりでアドリブ（即興劇）を行う。
②アドリブで行った即興劇を思い出しながら，文章に書き出す。役を交替して何回か行う。他の児童のアドリブを聞くことで，口ぶりや内容に違いがあれば，それについて話し合う。
③会話文だけでは表現しきれない部分において，「ト書き」という表現方法があることを知り，かっこを使って書き加える。

工夫① 実際にペープサートを動かしながら，会話文を考えさせる

工夫② すべての役を全員が演じる

工夫③ 演じたらすぐに書き留める

ポイント❸ ト書きという表現方法を用いる

(8)

振り返る

書き換えの観点から互いの作品の面白さを読み取る力

●「わすれられないおくりもの」のペープサート劇を見て，感想を述べ合う。（½時間）
・同じ場面でも表現に違いがあることに気づく。
・お互いのシナリオのよさを認め合う。
●シナリオ作りのコツや身に付いた力，今後に活かしたいことをまとめ，学習の振り返りをする。（½時間）
・感想を発表し合う。

(1)

事　後

・会話文のない物語でも，登場人物がどんなことを話したいか，どんなことを考えているか想像しながら読み，読書の楽しさを広げる。

3 教師の書き換えモデルと書き換えのポイント

ゴールのイメージを持たせるため，昔話「うさぎとかめ」をシナリオに書き換えたモデルを提示し，どのようにシナリオに書き換えればよいかを話し合う。

書き換えのポイント❶

登場人物の人柄や性格を人物関係マップに描く

どんなペープサートが必要か（登場人物）を考えさせる。人物関係マップに，登場人物が何をしたか，どんな性格か読み取ったことを描かせる。

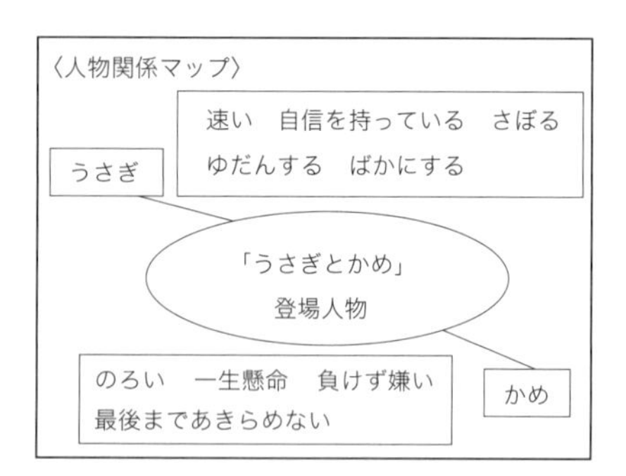

教師のモデル「うさ太とかめ吉」シナリオ

❷（ある晴れた日の原っぱで）

うさ太　（ばかにしたように）お～い、かめ吉。おまえは歩くのがのろいなあ。

かめ吉　（おこったように）そんなことはないさ。ひどいなあ。

うさ太　（びっくりしたように）へ～、じゃあ、むこうの山のてっぺんまで、おれときょう走しようぜ。勝てるかい？

かめ吉　いいとも！❸（もう、スタートラインにむかって）行くよ！

うさ太　おい、おい。ちょっと待って。（あわてておいつく）よ～し行くぞ。いちについて、よ～い、スタート

❸（うさ太とかめ吉、山に向かって走る）

書き換えのポイント❷

時間を表す言葉をもとに場面に分ける

ペープサート劇を行うときに，場面をどこで区切るか考えさせる。

時間を表す言葉に着目させることで，時間の経過や季節を読み取らせる。

書き換えのポイント❸

ト書きという表現方法を用いる

地の文は，シナリオでは「ト書き」として表現されていることに気づかせる。

会話の前後や途中で，様子を表すために用いさせる。

4 子どもの作品と考察

書き換えのポイント❶

登場人物の人柄や性格，あなぐまとの関わりなどを，叙述を根拠に分析し，マップ上に表していくことで，書き換えの際にその登場人物らしい言動を考えることができた。

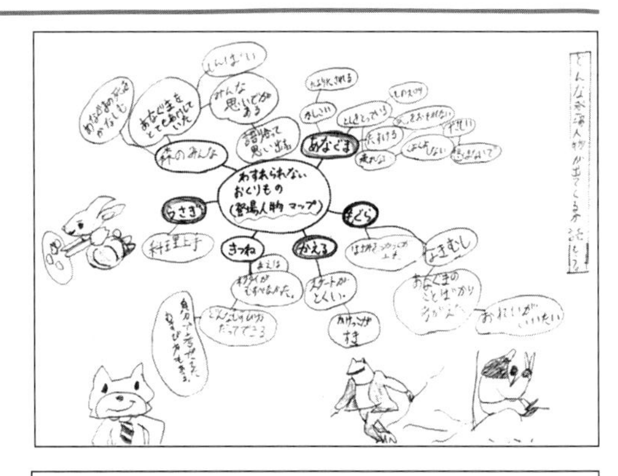

書き換えのポイント❷

時間や季節を表す言葉を探し，場面分けを考えさせた。同じ日の場合もあるし，季節が大きく変わる場合もある。

例：ある日→（その日の）夜

最後の雪が消えた頃＝春の初め

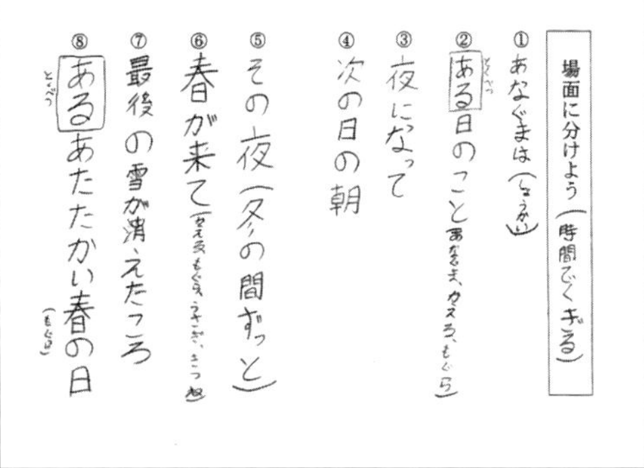

書き換えのポイント❸

教師モデルと比べさせながら，❶の場面の一文を例に指導した。台詞は，一人称（ここでは「わし」とした。）にし，人物の人柄に合わせて書き換えることを指導した。また，会話文だけでは表現しきれない部分においては，様子がわかるように「ト書き」として，（　　　）の中に書くことを指導した。ここで押さえておくことで，自分で書き換えることができるようになった。

あとにのこしていく友だちのことが気がかりで，自分がいつか長いトンネルの向こうに行ってしまっても，あまり悲しまないようにと，言っていました。

↓

あなぐま　わしが，長いトンネルの向こうに行ってしまっても悲しむなよ。
（みんなのことを思いながら，心配そうに）

ナレーター　（森の動物たちが集まっています）
かえる　あなぐまさん、今日は来ないね。（ふしぎそうに）
うさぎ　いつも、おはようって言いに来てくれるのにね。様子を見に行きましょう。
かえる　そうだね、行こう。（思いついたように）もぐらくんも行こう。（さそうように）
もぐら　うん、行くよ。（はっとしたように）
ナレーター　（あなぐまさんの家に着きました）
うさぎ　きつねくん、どうしてそんなに悲しそうな顔をしているの？
きつね　あのね、あのね、あなぐまさんが、死んじゃったんだよ。（泣きながら）
みんな　えっ。そんな…（びっくりしたように）
きつね　手紙がおいてあったよ。読むよ。「長いトンネルの向こうに行くよ。さようなら、あなぐまより。」
みんな　しんじゃったんだ。え～ん。え～ん。大好きだったあなぐまさん！
ナレーター　（もぐらは家でベッドの中にいます）
もぐら　あなぐまさん。悲しむなって言ってたけど、むりだよ。え～ん。え～ん。
ナレーター　（毛布はなみだでぐっしょりです）

〈児童の作品〉　4場面のシナリオ　場面の様子はナレーターに語らせている

5 書き換え活動を効果的にする工夫

工夫① 実際にペープサートを動かしながら，会話文を考えさせる

登場人物を確認させた。全部で５人である。図工の時間を使って，グループで分担し，物語に出てくる登場人物のペープサートを作った。

①画用紙に鉛筆で下書き

②ペンでなぞる

③色鉛筆で色を塗る

④切り取って，うらに割り箸を付ける

これを持って本文を見ながら，どんなことを話したか，どんなことを考えたか，実際に会話をしてみる。

ほぼアドリブだが，登場人物になりきることができ，本文に即した台詞を言うことができる。その後，すぐにそれをノートに書き留める。ただ書き換えるより，言葉が広がる。

工夫② すべての役を全員が演じる

④の場面	1回目	2回目
Aくん	かえる	うさぎ
Bさん	ナレーター	かえる
Cくん	きつね	ナレーター
Dさん	もぐら	きつね
Eさん	うさぎ	もぐら

役の入れ替わりが分かるように，一覧表にして掲示した。役を交替して，同じ場面のペープサート劇を行うことで，いろいろな子どものアドリブを聞くことができる。口ぶりや内容に違いがあれば，それについて話し合うことで，書き換えにする際のヒントとなる。

工夫③ 演じたらすぐに書き留める

本文に即してアドリブで行った即興ペープサート劇を，その場ですぐに書き留める。実際に声に出しているので，筆が進む。

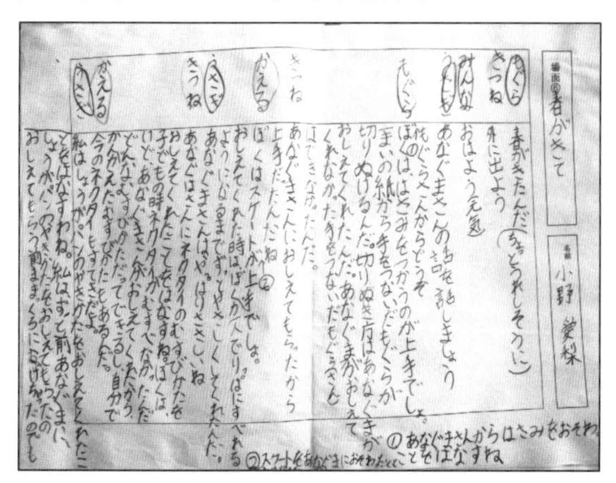

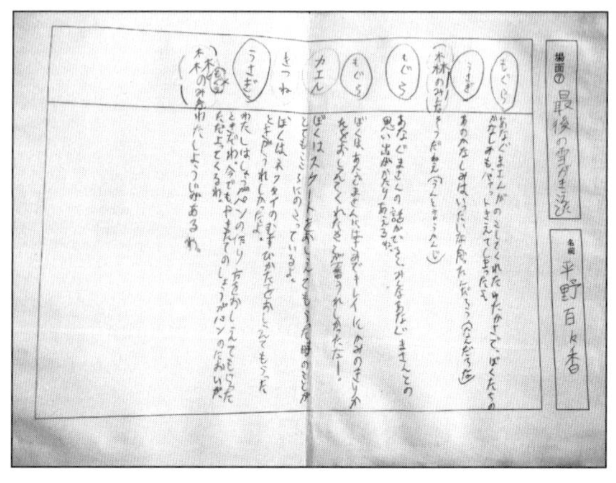

6 子どもの学びの姿

単元の最初に，みんなが知っている昔話「うさぎとかめ」を，教師によるシナリオ「うさ太とかめ吉」に書き換えたモデルを紹介したことで，「自分たちも早くシナリオを書きたい。」という意欲を高めることができた。

学習計画表を示し，シナリオを書くために物語を読むという視点を明確に持たせたことで，「演じるために読み取ること」から，「読み取ったことを生かして書くこと」へとスムーズに移行できた。シナリオを書き始めたところから演じるまで，意欲が継続された。多くの子どもが，「国語が楽しみ」「早く続きを書きたい」という気持ちを表していた。

一人称を考えさせることで，（例：あなぐまは「わし」など）登場人物になりきり，人物の人柄に合わせて台詞を考えることができた。また，アドリブによる台詞を言うために，自ら教科書を手繰り，本文を読む姿が見られた。

グループで即興劇を行うことで，読み取りが苦手な子どもも，友達の台詞を参考にして意欲的に活動した。アドリブの台詞が出てこないときには，友達がアドバイスしている姿が見られた。どの子どもも，楽しみながらペープサートを実際に動かしているようであった。

この授業…

ここがポイント

1　登場人物の人柄や性格を，人物関係マップに描く

物語の世界を楽しむには，登場人物の人柄，性格を捉え，場面を想像しながら読むことが大切である。本実践では会話文のない物語をペープサート劇のシナリオに書き換える活動を取り上げている。登場人物の人柄や性格をマップに描き出すために，子どもは，物語の文章から必要な情報を読み取ろうとする。さらに，登場人物同士の人間関係を描き入れる活動を通して，想像を膨らませながら，確実に読みを深めていく。文章を，マップに描き出すことは，シナリオに書き換えるという課題に向かって主体的に読みを深めていくことを支援するものである。

2　実際にペープサートを動かしながら，会話文を考えさせる

マップで確認した人物の人柄，性格，人物関係をふまえ，ペープサートにした登場人物を動かしながら会話させることによって，頭の中で描いたイメージを具現化することができる。ペープサートを使うことで，子どもは自身で演ずるより「演じる」活動に入りやすく，活動の中で次々に新しい発見をし，マップの読みをより確実なものへと修正しながら，シナリオに近づいていく。すべての役を全員が演じることによって，さらに，多面的な読み取りが可能になり，全員が声を出し，意見を交わし合いながら，活き活きと活動する様子が伝わってくる。

8 齋藤隆介の作品をリーフレットで紹介しよう

教材
「モチモチの木」（光村・教出）

単元の目標
【読むこと】
・齋藤隆介の作品のリーフレットづくりを通して，登場人物の人柄や物語のあらすじをつかみ，必要に応じて文章を引用したり要約したりすることができる。

1 単元について

●単元における書き換え活動と付けたい力

本単元は，斎藤隆介の本を主人公の人物像を中心に読み，好きな作品をリーフレットにまとめて，全校に紹介するという言語活動を行う。言語活動を通して，登場人物の人柄や物語のあらすじをつかみ，必要に応じて文章を引用したり要約したりしながら読む力を付ける。（「C　読むこと」（1）「エ　目的や必要に応じて，文章の要点や細かい点に注意しながら読み，文章などを引用したり要約したりすること」）

本単元でいうリーフレットとは，１枚の紙を三つに折り，裏表計６面に本の紹介を書いたものである。それぞれの面に，本の題名・著者名・キャッチコピー（１面），簡単なあらすじ（２面），紹介者のおすすめの理由（３面），人物関係図（４面），次に読むならこの本（５面），奥付（６面）を書くようにする。それぞれの項目は，この単元で付けたい力である。リーフレットで紹介するという言語活動は，物語を要約したり，大切な言葉や気に入った表現を抜き出したりする必要があり，目的に合わせて文章を引用したり要約したりする力を付けることができる。また，リーフレットを読み合い交流することで，同じ本を読んでも一人一人感じ方や表現の仕方が違うことにも気づくだろう。全校に紹介するという目的意識をはっきりとさせることで，同一作者の本を進んで読んだり，自分が選んだ本を何度も読み返したりする姿が期待できる。

物語の特徴をつかみ，リーフレットに書き換えるために，人物像を中心に物語を読み取り，①登場人物の相互関係を人物関係図にまとめる，②人物の魅力が伝わるようなあらすじの書き方を考える，の２点をポイントに書き換えを行う。また，事前読書や並行読書を行ったり（工夫①），小グループでの学び合いの場を設定したり（工夫②）するなどの手立てを工夫する。

●全国学力・学習状況調査との関わり

26年度　A問題5・27年度　A問題6
物語を読んで，空欄に人物の名前を当てはめたり，人物関係図にまとめたりする問題である。叙述をもとに人物の相互関係を捉えることが重要である。

この力を付けるための書き換え活動
本単元では，物語の紹介の方法として，リーフレットのページに人物関係図を書く。登場人物の叙述をもとにして，相互関係を人物関係図に表わすことにより，物語全体を構造的に捉える力を付けることができる。

2 単元の学習プロセス（11時間）

つかむ

モデルから学習課題をつかみ見通しを持つ力

●登場人物の魅力を読み取り，リーフレットを作って斎藤隆介の本を全校に紹介するという学習課題をつかみ，学習計画を立てよう。（２時間）
・モデルを見て，これから作るリーフレットのイメージを持つ。
・書かれている内容に着目し，物語をリーフレットに書き換えるにはどのような学習をすればよいか考え，学習計画を立てる。

(2)

書き換える

①「モチモチの木」のリーフレットを書くために，引用したり要約したりして，登場人物の魅力をまとめる力

●登場人物の魅力を中心に読み取り，「モチモチの木」を紹介リーフレットに書き換えよう。（４時間）
①人物の相互関係を人物関係図にまとめ，紹介リーフレットに書く。
・登場人物の会話や行動から，人柄やその魅力について考える。
・人物の相互関係を中心に話し合い，人物関係図にまとめる。
②人物の魅力が伝わるあらすじを考え，紹介リーフレットに書く。
・読む人を引きつけるあらすじはどのように書けばよいか考える。
・豆太の行動を中心に物語全体の構造をつかみ，あらすじを紹介リーフレットにまとめる。
③読む人を引きつける感想を紹介リーフレットに書く。
・人物の魅力が伝わる「きらっと光る言葉」を選び，その理由を話し合う。
・登場人物の魅力が伝わる感想を紹介リーフレットにまとめる。
④表紙や奥付を書き，リーフレットを仕上げる。

ポイント❶
人物の性格や人物同士の相互関係をまとめる

ポイント❷
人物の魅力が伝わるようなあらすじを考える

②斎藤隆介の作品のリーフレットを書くために，登場人物の魅力をまとめる力

●「モチモチの木」のリーフレットを作ったことを活かして，自分で選んだ斎藤隆介の作品を紹介リーフレットに書き換えよう。（４時間）
①人物の相互関係を人物関係図にまとめて小グループで交流し，紹介リーフレットに書く。
②人物の魅力が伝わるあらすじを考えて小グループで交流し，紹介リーフレットに書く。
③読む人を引きつける感想を考えて小グループで交流し，紹介リーフレットに書く。
④表紙や奥付を書き，リーフレットを仕上げる。

工夫②
小グループで交流する

(8)

振り返る

書き換えの観点から互いの作品の面白さを読み取る力

●できたリーフレットを読み合い，感想を述べ合う。（½時間）
・登場人物の魅力をどのように読み取り伝えているかを意識しながら，友達の作品の良さを見つけるようにする。
●人物の魅力を中心に読む方法や身に付いた力，今後に活かしたいことをまとめ，学習の振り返りをする。（½時間）
・あらすじや感想の書き方のコツを自分なりの言葉でまとめ，今後の学習に活かせるようにする。

(1)

事　後

●できた紹介リーフレットを学校図書館に展示して交流し，今後の読書活動に活かす。

工夫①
斎藤隆介の作品の事前読書・並行読書により登場人物の魅力を読み取る（人物の性格を表す言葉集め）

3 教師の書き換えモデルと書き換えのポイント

教師モデルとして，斎藤隆介「花さき山」の紹介リーフレットを提示し，ページごとにどのように読み取り，それをどのようにリーフレットに書き換えればよいかを話し合う。

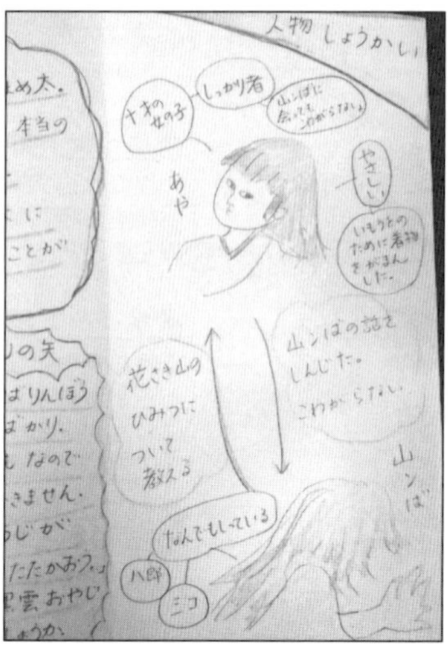

人物関係図のページ
（あやと山ンばの関係）

（見本A）ある山に，とても心のやさしい赤おにがすんでいました。赤おにはどうにかして人間となかよくくらしたいと考えていました。けれども，人間は赤おにのことをこわがって，だれ一人近づこうとはしませんでした。かなしく，くやしい思いをしている赤おに。そこに，大切ななかまである青おにがやってきて「人間となかよくするための作戦」をていあんします。計画はせいこうし，赤おにには人間の友だちができるのですが……。

（見本B）山の中に，一人の赤おにが住んでいました。赤おには人間となかよくなりたいと思い，自分の家の前に立てふだを立てました。人間は遊びに来ませんでした。そこに友だちの青おにがやってきて，ウソのケンカをすることにしました。赤おにと青おには村へおりていきました。ウソのケンカは赤おにが勝ちました。それで赤おには人間となかよくすることができました。青おには旅に出てしまいました。

紹介文（あらすじ）のページ

書き換えのポイント❶

人物の性格や人物同士の相互関係をまとめる

主要な登場人物を確かめ，叙述の中からどのような人物かがわかる言葉を書き出し，観点ごとに整理する。そして，人物の行動や会話から，その人柄や性格，魅力について考えるようにする。

さらに，登場人物の相互関係について叙述をもとに話し合い，人物関係図にまとめる方法について学ぶ。その際，矢印や吹き出しを工夫することによって，登場人物の関係をわかりやすく紹介できるようにする。

書き換えのポイント❷

人物の魅力が伝わるようなあらすじを考える

はじめに既習である「ないた赤おに」の紹介文（あらすじ）を2種類（見本A・B）提示して比較し，読み手を引きつける書き方について考える。どちらも出来事をおさえているが，見本Bに比べて見本Aは人物の様子がよく伝わり，続きも読みたくなるような工夫がされている。ここでは，あらすじの基本である「5W1H」をおさえた上で，登場人物の性格や心情など人物の魅力をつかんで書き換える必要があることに気づかせる。

次に豆太やじさまの行動や出来事を表している文を見つけて並べることで，物語の大まかな筋をつかむ方法を学ぶ。そして，前時の「人物関係図」も参考にし，人物の魅力が伝わる紹介文（あらすじ）に書き換えるようにする。

4 子どもの作品と考察

書き換えのポイント❶

はじめに，共通教材として「モチモチの木」を読み，豆太やじさまの行動や会話からその性格を読み取り，人物関係図に書き換える。

豆太は，「おくびょう」な面と「ゆうかん」な面があり，どうしてそのように思うかを，叙述を根拠として挙げている。また，じさまは豆太を「かわいい」と思い，豆太は「じさまが大好き」であることを読み取り，表現している。

次に，「モチモチの木」で学んだことを活かし，自分で選んだ斎藤隆介の作品の人物関係図を書く。

叙述の中から人物の人柄や性格がわかる文をどのように探したらよいか考え，見つけた叙述を整理するとともに，登場人物の相互関係を読み取って人物関係図に書き換えることができた。

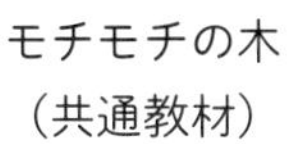
モチモチの木
（共通教材）

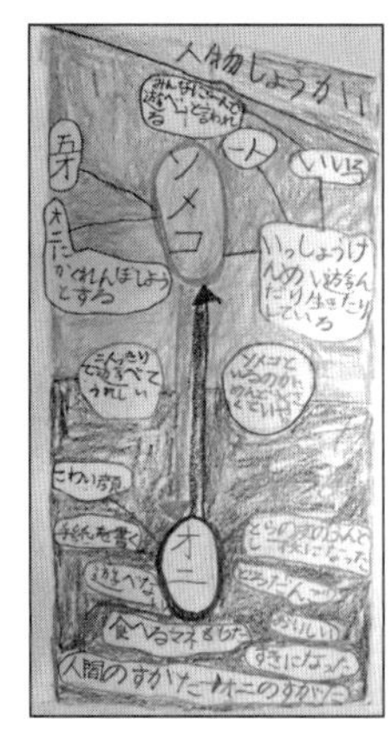

ソメコとオニ
（選択教材）

書き換えのポイント❷

はじめに構成を確認し場面ごとの出来事を押さえて大まかな筋をつかむ。あわせて，人物の魅力が伝わる行動や会話を探しワークシートにまとめていく。そして，書き出したことを文章として整え，接続詞や語尾に注意しながら，あらすじに書き換えるようにした。〈子どもの作品〉は，叙述をもとに，「５ＷＩＨ」を押さえた上で，豆太の言動からその性格や魅力が伝わるようにまとめている。また，結末5を書かないことで読み手の興味を引くように工夫している。

5結末　4山場　3展開②　2展開①　1設定

モチモチの木（共通教材）

1　じさまと２人きりでくらす５才の男の子，豆太。
2　豆太は，夜中にひとりでしょうべんに行けずにじさまについていってもらうほどのおくびょう者だ。昼間は，「やい，モチモチの木い実をおとせ」といばっているが，夜は「お化けぇ」とこわがっている。
3　じさまからモチモチの木に火がともる神様の祭りの話を聞いたが，自分にはゆう気がないからとはじめからあきらめていた。
4　いよいよモチモチの木に火がともるという夜，じさまがはらいたをおこして，たおれてしまった。豆太は，いしゃさまをよびにいくために，なきながら夜道を走った。
　豆太は，大好きなじさまをたすけることができるだろうか。そして，神様の祭りをみることができるのだろうか……。

〈子どもの作品〉

5 書き換え活動を効果的にする工夫

工夫① 事前読書・並行読書をする

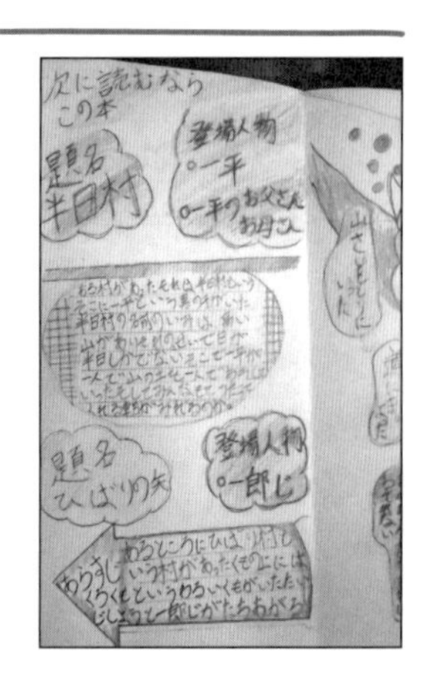

学習の導入の際に，「作成したリーフレットを図書室に置き，齋藤隆介さんの本をたくさんの人に読んでもらおう」という子どもの目的を明確にし，齋藤隆介の本を１か月ほど前から教室に用意することで，興味を持って同一作家の本を読み進めることができるようにした。

また，齋藤隆介の本のリストを用意し，「一言感想」を書きためていくことで，自分がどの本のリーフレットを作りたいか考えながら読むことができるようにした。

また，リーフレットの１ページに「次に読むならこの本」というページを設定することで，どの本を紹介しようかと考えながら，複数の本を意欲的に読むことができた。

齋藤隆介の本を読もう（1）＿組＿＿＿＿

No	書　名	読んだ日	一言感想
1	モチモチの木	／	
2	八郎（はちろう）	／	
3	はなさき山	／	
4	ひさの星	／	
5	猫山（ねこやま）	／	
6	ソメコとオニ	／	
7	ユとムとヒ	／	
8	かみなりむすめ	／	
9	火の鳥	／	
10	ふき	／	
11	ひばりの矢	／	
12	天の笛	／	
13	三コ	／	
14	東・太郎と西・次郎	／	
15	ベロ出しチョンマ	／	

齋藤隆介の本を読もう（2）＿組＿＿＿＿

No	書　名	読んだ日	一言感想
16	一ノ字鬼	／	
17	毎日正月	／	
18	なんむ一病息災	／	
19	死神どんぶら	／	
20	緑の馬	／	
21	五郎助奉公	／	
22	こだま峠	／	
23	もんがく	／	
24	浪兵衛	／	
25	おかめ・ひょっとこ	／	
26	白猫おみつ	／	
27	春の雲	／	
28	ひいふう山の風の神	／	
29	ドンドコ山の子ガミナリ	／	
30	カッパの笛	／	

齋藤隆介の本を読もう（3）＿組＿＿＿＿

No	書　名	読んだ日	一言感想
31	天狗笑い	／	
32	白い花	／	
33	寒い母	／	
34	トキ	／	
34	半日村	／	

○読書の記録
・読んだ本の数　［　　］さつ
・一番心に残った本　＿＿＿＿
・一番おもしろかった本　＿＿＿＿
・一番しんみりした本　＿＿＿＿
・一番しょうかいしたい本　＿＿＿＿
○齋藤隆介の本を読んで
・どの本にも共通することは？
・主人公のみりょくは？

【齋藤隆介の本リスト】

工夫② 小グループで交流する

自分の考えを友達に伝え合う

「モチモチの木」のリーフレットを作ったことを活かして，自分で選んだ斎藤隆介の作品を紹介リーフレットに書き換える学習では，小グループでの学び合いを取り入れるようにした。

「人物同士の関係を相関図に書き換える」「人物の魅力が伝わる紹介文（あらすじ）を書く」「読む人を引きつける感想を書く」際に，まず同じ物語を選んだ人同士のグループで話し合うことで，自分の考えをまとめるための手がかりとさせた。ここでは，同じ情報を共有しているのでわからないことを相談したり，アドバイスをし合ったりする姿が見られた。その後，違う物語を選んだ人同士のグループで互いに書き換えたものを紹介し合い，相手に伝わる表現になっているかどうか確認するようにした。

6 子どもの学びの姿

本単元では，６面のリーフレットの一面ずつを仕上げていくという学習の流れと，学ぶ内容（付けたい力）が明確であったため，そのページの目的に合わせて，付箋を貼りながら文章全体を何度も何度も読み返す姿が見られた。

「読みたくなるようなあらすじを書く」という目的のページでは，本文の構成や段落を理解し，登場人物の魅力や心情を読み取った上であらすじに書き換えることの大切さを学び，目的によってあらすじの書き方が変わってくることに気づくことができた。

また，登場人物の相互関係を人物関係図に書き換える学習では，登場人物の性格や魅力，人物同士の関わりなどを意識して読み進めていた。特に自分で選択した本の人物相関図を書く学習では，熱心に本文中から人物の関係を示す叙述を探したり，それを自分の表現に書き換えたりしていた。

本単元では，まず共通教材として「モチモチの木」のリーフレットを仕上げ，その後自分で選択した本のリーフレットを作るという学習の流れであったため，どの子どもも自信を持って自ら学習を進めていた。また同じ本を選んだ友達同士で互いに学び合う姿が見られた。

この授業…
ここがポイント

1　登場人物同士の関係を相関図にまとめる

登場人物同士の関係を相関図にまとめるためには，作品の中で直接的，間接的に人物の人柄や性格，魅力について表している叙述を見つける必要がある。必要な情報を見つけ出し，集める力は，読解力の基本である。人物の設定について細かい点を落とさずに拾うこと，また，人物同士のつながりやそれぞれの相手への思いがわかる叙述，行動のきっかけとなる叙述を書き出し，整理することで，紹介文の骨組みができあがる。短い言葉でまとめられた相関図により，リーフレットの読者は一目で作品を構造的に捉えることができる。

2　読み手を引きつける紹介文の書き方に気づかせる

本実践の中で，紹介文を書かせるにあたり，教師は２種類の例文を提示している。一方は登場人物の性格や思いが読者に伝わるような表現を随所に入れたり，あえて結末を書かなかったりして，読者の想像力を高める工夫をしている。もう一方は，いわゆる「あらすじ」で，物語の流れを表したものである。子どもは「全校にその本を読みたいと思ってもらえる」ことを目的としたリーフレットを書くという視点から，前者のような書き方が読み手を引きつけることがわかり，自分のリーフレットづくりにも活かしていた。

9 生き物ひみつブックを作ろう

教材
「めだか」（教出）

単元の目標
【読むこと】
・自分のテーマに沿った図鑑を選んで読み，「生き物ひみつブック」に書き換えることを通して，文章などを引用したり要約したりして読むことができる。

1 単元について

●単元における書き換え活動と付けたい力

本単元では，生き物について書かれた文章などを読み，その中から引用したり要約したりしながら「生き物ひみつブック」に書き換えるという言語活動を行う。この言語活動を通して，図鑑を多読し，引用，要約する力を付けていきたい。主に「C　読むこと」（1）「エ　目的や必要に応じて，文章の要点や細かい点に注意しながら読み，文章などを引用したり要約したりすること」に関する知識や技能を活用できる能力を身に付けさせようとしている。

本単元の言語活動は，図鑑から見つけ出したひみつを引用・要約して，自分だけの「生き物ひみつブック」に書き換えるというものである。「生き物ひみつブック」とは，生き物のひみつを要約して書かれている全４ページのパンフレットである。始めと終わりのページには，読み手の興味を引く文章や作者の感想が書かれ，中の２・３ページには，調べた生き物のひみつが要約して書き換えられている。書き換えのために，①図鑑から発見したひみつを「ひみつカード」に引用すること，②引用したひみつを分類整理し，項目立てをすること，③キーワードと詳しい説明を見分け，要約をすることの３点をポイントとしている。また，学習を進めていく上での工夫として，①図鑑の読み方を知る，②図鑑を学習と並行させて読書していくこと，③教材文「めだか」を通して学んだことを活かしながら，自分の「生き物ひみつブック」作りに取り組んでいくことを挙げる。いろいろな図鑑を多読することで，図鑑での調べ方に慣れるとともに，ひみつをたくさん知ることでどのような「生き物ひみつブック」にしようかというイメージも膨らみ，書き換え活動に抵抗なく取り組むことができる。

●全国学力・学習状況調査との関わり

26年度　B問題2　設問二
文章の要旨をまとめて書く問題である。目的に応じ，文章の内容を的確に押さえながら要旨を捉える力が必要となる。

この力を付けるための書き換え活動
本単元では，「生き物ひみつブック」を作るために，図鑑から自分が必要とする情報の中心となる言葉や文を見つけ出し，要約して書き換える力を必要とする。文章を要約する力を養うことによって，文章の内容を的確に押さえ，要旨を捉える力を養うことができる。

2 単元の学習プロセス（12時間）

つかむ

モデルから学習課題をつかみ見通しを持つ力

●「生き物ひみつブック」に書き換えるという学習課題と学習計画を知ろう。（１時間）
・モデルを見て，どういった「ひみつブック」を作れば読み手が興味を持ってくれるか考え，学習の見通しを持つ。

●調べ学習を行うために，図鑑の読み方を知ろう。（１時間）
・図鑑を読むには，目次・索引・ページの構成をよく見ることが大切であることを確認する。
・「ひみつカード」の書き方を知る。

工夫①　図鑑の読み方を知る

ポイント❶　図鑑の情報を「ひみつカード」に引用して書きためていく

(2)

書き換える

①「めだかひみつブック」に書き換えるために、「めだか」の構成を読み取り、引用・要約する力

●教材文「めだか」を読み，「めだかひみつブック」を作ろう。（５時間）
・「めだか」の構成を確認し，ひみつは始め・中・終わりの「中」の部分にあることを知る。
・「めだかひみつカード」にめだかのひみつを引用する。
・「めだかひみつカード」に書かれたひみつを「身の守り方」と「体の仕組み」の二つの項目に分類・整理する。
・「めだかひみつカード」の文章を要約し，「めだかひみつブック」に書き込む。

ポイント❷　引用したひみつを分類・整理し，項目を立てる

ポイント❸　キーワードと詳しい説明を見分け，要約をする

②学習したことを置き換え、理解を深めて活かすことのできる力

●調べたことをもとに「生き物ひみつブック」を作ろう。（４時間）
・図鑑から「生き物ひみつカード」に引用してきた生き物のひみつを分類・整理して，項目を立てる。
・「生き物ひみつカード」の文章を要約し，「生き物ひみつブック」に書き込む。

工夫③　学習したことを活かす

(9)

振り返る

書き換えの観点から、友達の作品の面白さを読み取る力

●「生き物ひみつブック」を読み合ったり，作るコツを話し合ったりして学習の振り返りをしよう。（１時間）
・友達同士で読み合い，キーワードとなる言葉を見つけたり，ひみつがわかりやすく要約されているところを見つけたりして，学習の成果を確かめ合う。

(1)

事　後

・図鑑や科学読み物に興味を持たせ，読書へとつなげていく。

工夫②　並行読書によりいろいろな図鑑を多読し，生き物のひみつを「ひみつカード」に引用していく

1年　2年　3年　4年　5年　6年

3 教師の書き換えモデルと書き換えのポイント

本単元の場合は，第３次で児童が生き物を選んで書き換え活動を行うので，モデルは児童の身近であり，児童があまり知らないであろうひみつが隠されている生き物を選んで使用した。

このモデルは教材文「めだか」の構成（始め・中・終わり）をもとに，全４ページのパンフレットの形式で作成している。１ページ目が「始め」の読み手を引き込む文章，２・３ページが「中」のひみつの紹介ページ，４ページ目が「終わり」のまとめや感想が書かれた文章となっている。なお，「中」のひみつの紹介ページは，ひみつの見出しがあり，ひみつの内容が要約されて短い文章で書かれている。

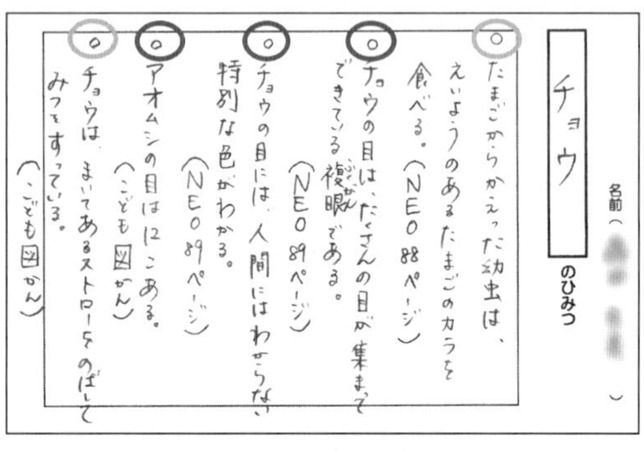

ひみつカード

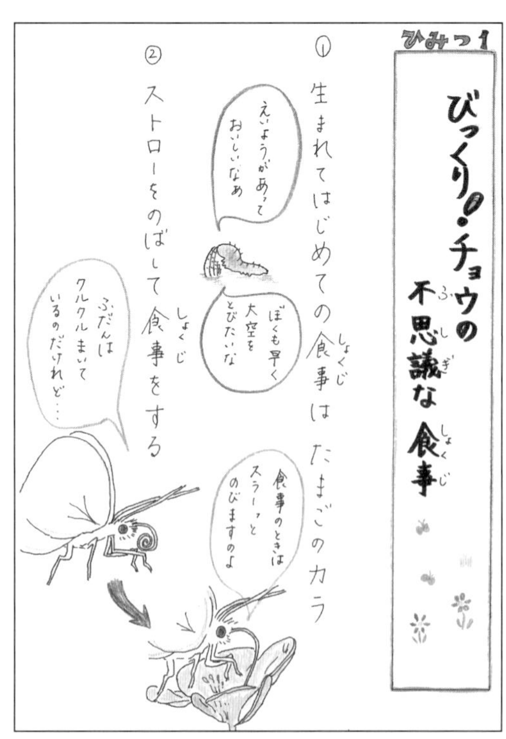

ひみつブック（中のページ）

書き換えのポイント❶

引用して書きためていく

図鑑の情報を生き物ごとに「ひみつカード」に書き込み，情報を整理しやすくする。

書き換えのポイント❷

項目を立てる

いくつかのひみつをくくり，項目立て，分類・整理をする。

「ひみつカード」の○はどちらも「食事」についてのひみつである。○はどれも「目」についてのひみつである。

そこで，「食事」「目」という言葉をキーワードにしてそれぞれ項目を立てた。

書き換えのポイント❸

要約する

・項目名に則りキーワードを捉える
・短く一文でまとめる
・文末は体言止めや常体にする

以上３点を要約のポイントとした。

「ひみつカード」の一つ目の情報については，「たまごからかえった幼虫」「たまごのカラ」「食べる」がキーワードとなる。

さらに，「たまごからかえった幼虫は食べる」＝「生まれてはじめての食事」となる。

項目名に「食事」という言葉を使ったので，要約にも「食事」というキーワードを使った。

省いた「えいようのある」という情報は吹き出しの中に入れ補足として用いた。

4 子どもの作品と考察

書き換えのポイント❶

図鑑は4種類用意してあり，複数の図鑑から集めた情報を「ひみつカード」に書き抜いていった。

また，それぞれのカードを教室の背面に掲示することで，子どもの意欲づけにつなげることができた。

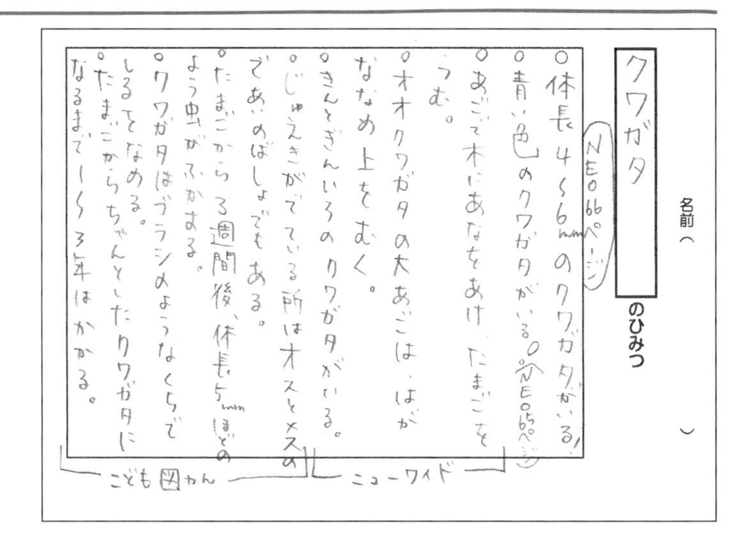

書き換えのポイント❷❸

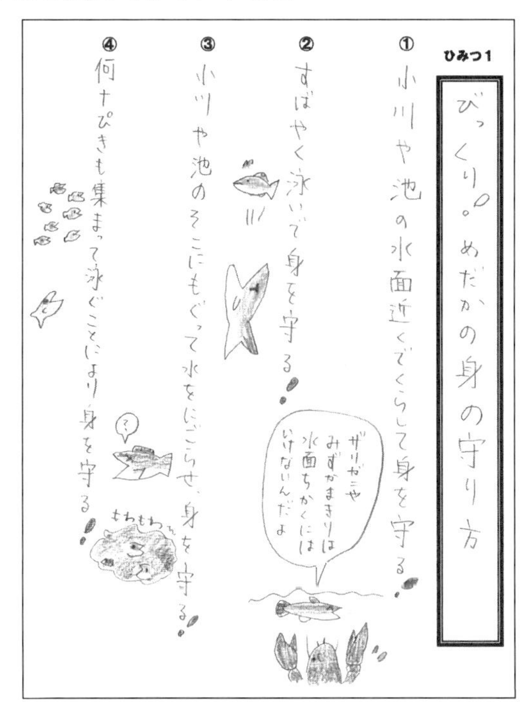

児童作品A

児童作品B

全員で，教材文「めだか」を「めだかひみつブック」に書き換えることで，ひみつの見つけ方や引用・要約の仕方，項目の立て方を学ぶことができた。（児童作品A）

集めた情報を「たまごからクワガタになるまで」という項目を立て，分類している。その項目名に合わせて，短く一文で説明することができた。文末は常体でそろえている。（児童作品B）

5 書き換え活動を効果的にする工夫

工夫① 図鑑の読み方を知る

単元の導入で図鑑の読み方の指導を行った。市内の学校や図書館から図鑑を多く借りて集めておくことで，１人１冊の図鑑を手に取って見ることができた。学習時には，同じ班の中で，同じ図鑑が偏らないようにしておき，図鑑によって形式や掲載されている情報が異なることに気づかせるようにした。

図鑑の読み方の指導の導入では，共通教材である「めだか」のページを一斉に開き，どうしたら素早く，正確に「めだか」の情報を知ることができるか確認していった。その際に，目次と索引の役割について指導を行った。次に，教師モデルである「チョウ」を一斉に調べ，図鑑にはマークや記号などが豊富にあり，それがひみつを見つける手がかりにもなっていることを確認した。

工夫② 並行読書をする

本単元では，二つの出版社の４種類の図鑑を市内から集めた。分類は，子どもの作品の把握がしやすいよう，担任が「動物」「昆虫」「魚（水に住む生き物含む）」に限定した。教室前の廊下に表紙が見えるように陳列することで，児童の読んでみたいという意欲を湧かせた。また，「ひみつカード」を書きためることで，たくさんのひみつを探そうと積極的に図鑑を手に取る姿が見られた。図鑑を開く機会を増やすことで，図鑑の見方やよさを身をもって感じることができるようになる。

工夫③ 学習したことを活かす

本単元は「書き換える」学習を二つに分け，まず，教材文「めだか」で「めだかひみつブック」に書き換えるコツを学び，その後に自分で選んだ生き物の「生き物ひみつブック」に書き換える学習を行った。このことで学んだコツを理解するだけにとどまらず，実際に自分で活用する力も身に付けることができる。さらには，ここで身に付けた力を今後の生活にも活用していくことが可能になることだろう。

学習の際には，学んだコツをいつでも振り返ることができるよう掲示して，子どもの目に触れるよう配慮した。

このように，学習計画表の下にコツを掲示していき，そのコツを使うタイミングですぐに振り返ることができるようにした。

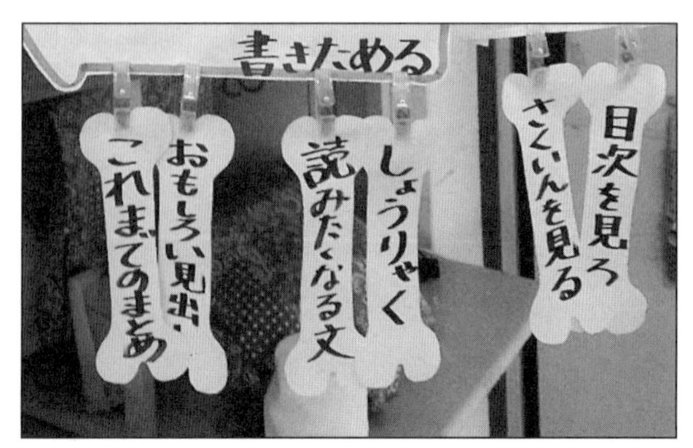

6 子どもの学びの姿

単元の最初に教師のモデルを見ると,「自分は何の生き物で作ろう」「みんなが驚くひみつを見つけよう」と,これまでは国語にあまり興味を示さなかった子どもまでもが「自分もオリジナルの生き物ひみつブックを作りたい」と意欲を示した。その後も,教師のモデルを参考にしながら学習を進める姿が多く見られた。国語が苦手な子どもは,教師モデルの生き物を自分の生き物に置き換え,項目名はそのままにすることで,スムーズに書き換え学習を進めることができた。また,書くことが得意な子どもは,一つの項目にひみつをたくさん載せたり,語尾を「〜なのだ」と博士風にしてみたりして,自分なりのアレンジを加えながら書き換えていた。

図鑑からひみつを書き抜いて情報を集めるうちに,次第に発想が広がっていき「これは目についてのひみつだね」「こっちはえさについてだ」「これとこれは,どっちも大きくなることが書いてあるから成長のひみつというのはどうだろう」と情報の分類整理を進んで行う姿が見られた。また,分類整理を進める中で「食事のひみつ」「成長のひみつ」などと項目名が決まってくると,繰り返し出てくる言葉やまとめる言葉など,情報の中の大切な言葉が何か判断がつけられるようになっていった。「食事のひみつ」と項目名を決めた子どもは,「食事の仕方」や「食事の内容」を大切な言葉としてピックアップし,それらの大切な言葉をつないで,元の情報よりもすっきりとした要約文を作り,「生き物ひみつブック」を完成させていった。

この授業…

ここがポイント

1 「引用する」「項目を立てる」「要約する」

中学年の説明文では,文章の構成を読み,引用・要約することが大切である。したがって,書き換えのポイントに述べられた「引用する」「項目を立てる」「要約する」の3点は的を射たものである。本単元では4ページにわたる「生き物ひみつブック」を作成するが,それぞれのページでこの3点が十分に活かされている。

2 子ども全員が,自分の「生き物ひみつブック」を作る

様々な図鑑を読み,それぞれの見出しや説明,写真や図,絵を読み,構成を理解しながら,自分の調べたことをまとめていく。書くことが苦手な子どもは,教師が提示したモデルを真似て書き換え,文を要約したり,書くことが得意な子どもは,項目・内容を自分で工夫したりしながらまとめていく。誰にとっても書くことへの負担が少なく,自分だけの「生き物ひみつブック」を作り,達成感を持つことができる実践である。

3 「生き物ひみつカード」を用いて,ひみつを分類整理する

図鑑から読み取ったひみつをカードに書き抜くことで,単に情報を羅列するにとどまらず,情報のカテゴリ化が行われていったのは興味深い。思考力が鍛えられた実践である。

10 読んで考えたことを話し合おう

教材
ごんぎつね（光村・東書・教出）

単元の目標
【読むこと】
・物語を俳句に書き換える活動を通して，登場人物の性格，行動，気持ちの変化と情景描写とを結びつけながら読むことができる。
・物語を読んで感じたことを，俳句を通して交流し合い，読むことができる。

1 単元について

●単元における書き換え活動と付けたい力

本単元では，物語を俳句に書き換える活動を通して，情景と登場人物の行動や気持ちとを結びつけながら読む力をつける。「C　読むこと」（1）「ウ　場面の移り変わりに注意しながら，登場人物の性格や気持ちの変化，情景などについて，叙述を基に想像して読むこと」「オ　文章を読んで考えたことを発表し合い，一人一人の感じ方について違いのあることに気付くこと」なお，本実践は，青木幹勇著『授業　俳句を読む，俳句を作る』（太郎次郎社エディタス刊）を参照しつつ取り組んだものである。

「ごんぎつね」の情景描写には，秋の季節を表す表現（季語）が多く，その表現が作品のイメージに影響を与えている。その季語と登場人物の行動や気持ちとを取り合わせることにより，場面の情景描写と登場人物の行動や気持ちとを関係づけて考え，互いに響き合っていることを理解させることができる。

俳句は，省略表現の上に成り立っている。そのため，凝縮された言葉をもとに想像を広げる学習がおのずと行われる。俳句学習は，①季語をもとにイメージを広げたり，②気に入った情景描写を表すことができたり，③情景と行動や心情とを取り合わせたりすることができる。まさに，C（1）ウの目標に迫ることができると考える。

さらに，俳句を作る時間を確保して多作させ，お互いの句を交流させること（工夫①）で学びを深めることができる。

●全国学力・学習状況調査との関わり

19年度　A問題5
「物語の主人公について一文で書かれた内容を理解し，一文を二文の構成にして書き換えることができるかどうかをみる問題である。人物像を把握するためには叙述内容を分析的に読み，一文を二文の構成にして書き換える力が必要となる。

この力を付けるための書き換え活動
本実践で，俳句を作るためには，季語と12音との取り合わせになる。俳句という凝縮した表現を行うために，一文を分析的に読んだり，複数の文から言葉を取り出してくる力が必要になってくる。
※取り合わせ…俳句で，同じ匂い，響きを持つ二つのものを組み合わせること。

2 単元の学習プロセス（7時間）

つかむ

俳句という短詩型の表現になじむ力

●「ごんぎつね」の物語俳句を作る学習の見通しを持とう。（4時間）

①「ごんぎつね」を読み，語句の意味調べをする。

②児童の俳句作品に触れる。

③児童の俳句作品の中から好きなものを選び，感想を述べ合う。

④穴あきの物語俳句を読み，そこに合う言葉を考える。

(4)

書き換える

「ごんぎつね」を読んで，物語俳句を作る力
「ごんぎつね」を読んで，作った俳句を交流する力

●お気に入りの場面の俳句を作ろう。（2時間）

①「ごんぎつね」を読み，場面分けをする。

②季節を表す言葉とそのイメージを確かめる。

・写真や絵のついた季語の短冊を貼る。

③穴あき物語俳句を読み，そこに合う言葉を考える。

・感情をそのまま表す言葉は，読者の想像が働かなくなり，好ましくないことを知る。

④物語俳句を作る。

・瑕（きず）のない句を作ることよりも，多作することを主眼におき，取り組む。

・作る楽しみを味わいながら句を作る。

⑤作った俳句を班で交換して，その中から2句選ぶ。

⑥選ばれた句について，全体の場で取り上げる。

ポイント❶ 季語のイメージ化

ポイント❷ 気に入った表現を取り入れる

工夫① 作った俳句を交流する

(2)

振り返る

物語俳句を作るコツを見つける力

○学習を振り返り，「物語俳句を作るコツ」を書く。（1時間）

・季語のイメージを確かめる。

・季語に合う登場人物の行動や心情を考える。

ポイント❸ 季語と登場人物の行動や心情とを取り合わせる

(1)

3 教師の書き換えモデルと書き換えのポイント

教師見本として，穴あき俳句を用意した。空欄の言葉を補わせることで俳句作りの思考の一端をたどらせたかったからである。

書き換えのポイント❶

季語のイメージ化

書き換えのポイント❸

季語と登場人物の行動や心情とを取り合わせる

> ある秋のことでした。二，三日雨がふり続いていたその間，ごんは，外へも出られなくて，穴の中にしゃがんでいました。
> 雨が上がると，ごんは，ほっとしてあなからはい出ました。空はからっと晴れていて，もずの声がきんきんひびいていました。

ほっとして　穴から出たよ　□

これは，事件の幕開けのところである。「雨」は，「秋雨」「秋の長雨」である。春雨がはなやかさ，つややかさを持つのに対し，秋雨はものさびしさ，ひっそりとした感じを伴う。

その秋雨の中でごんは退屈を極めた。その秋雨があがったあとの解放感は，ごんのいたずら心をそそった。

「ほっとして穴から出たよ」のあとの第三句に合う言葉を考えさせた。児童から出た言葉に「秋晴れだ」「天高し」「もずの声」がある。大気はからりとしていて澄み渡り，さわやか。まさにごんの心情と響き合っている。もずの鳴き声は「キーッ，キーッ」と甲高い。これも，ごんの解放感やいたずら心と呼応する。ごんの心情は，季語を中心とする情景描写がものがたっているので，作句をすることが読み取りに結びついてくる。

書き換えのポイント❷

気に入った表現を取り入れる

> ごんは，小川のつつみまで出てきました。辺りのすすきのほには，まだ雨のしずくが光っていました。川は，いつもは水が少ないのですが，三日もの雨で，水がどっとましていました。

すすきのほ　しずくの光る　□

この，数日間ふりつづいた雨により水かさのました川は，先にくる悲劇の序章とも言うべきところである。

「すすきのほ　しずくの光る」のあとの第三句に合う言葉を考えさせた。最初の五音に「すすき」という季語があるので，第三句は，季語以外のもので本文から気に入った表現を取り入れさせた。

天候を表す「雨上がり」，場所を表す「川べりで」，兵十の行動を表す「うなぎとり」，音を表す「川の音」，季重なりではあるが「秋の風」という児童の反応があり，この描写を味わえた。

4 子どもの作品と考察

書き換えのポイント❶

1の場面（ごんのいたずら）では，「もずの声」が多く詠み込まれた。もずの声が響きわたる中，ごんのいたずら心が表わされている。

2の場面（兵十のおっかあの葬列）では，「彼岸花」が詠み込まれた。「彼岸花」の，あざやかなはげしさ，天上の世界，別れのイメージが表されている。

3の場面（ごんのつぐない）では，「栗」が多く詠み込まれた。「栗」には，艶のある褐色の実がこぼれ落ちているイメージがあり，ごんの兵十を思う心が表されている。

4，5の場面（兵十と加助の後を追うごん）では，「月」が多く詠み込まれた。「月」の，澄んだ夜空と，明るく照り渡る光が表されている。

書き換えのポイント❷

「（もずの声が）きんきんひびく」「（彼岸花が）踏み折られ」「（彼岸花が）咲き続いて」「くりをどっさり拾って」「毎日毎日」「（兵十の）かげをふみながら」「月のいい」といった南吉の表現が取り入れられていた。

書き換えのポイント❸

1の場面では「もずの声」と「村の中」「穴から出たごん」「おっかあの悲しみ」，2の場面では「彼岸花」と「位牌」「葬列」「墓地」「悲しみ」，3の場面では「彼岸花」と「位牌」「葬列」「墓地」「悲しみ」，3の場面では「栗」と「ごんのつぐない」，4，5の場面では「月」と「二人の会話」「追いかけるごん」が取り合わされていた。

〈ごんのいたずら〉
晴れた日に　もずの声が　きんきんと
もずの声　きんきんひびく　村の中
もずの声　おっかあの悲しみ　ひびく声
兵十が　秋雨後の　小川へと
もずの声　朝にひびくよ　遠くまで
あなを出て　きんきんひびく　もずの声

〈兵十のおっかあの葬列〉
彼岸花　いはいをさげる　女性達
彼岸花　風にゆられて　みおくるよ
彼岸花　人々通り　踏み折られ
彼岸花　悲しみ知らず　さき続け
彼岸花　人々通り　折られたよ

〈兵十と加助の後を追うごん〉
十五夜に　兵十たちが　照らされる
月の夜　二人のかげを　ふみながら
月の良い　夜に出かけて　追いかける
人二人　月夜の中を　歩いてく
月の夜　二人の会話　聞きながら
月のばん　ごん悲しみに　くれました
月光る　あかるい夜と　二人の会話

〈ごんのつぐない〉
どっさりと　くりを拾って　もっていく
何回も　栗をとってく　ごんぎつね
人の家　くりをもってく　どっさりと
毎日ね　ごんはくりをあげ　つぐないだ
秋の日に　じゅうせいがひびく　風に乗り

5 書き換え活動を効果的にする工夫

工夫① 作った俳句を交流する

子どもは，恐れず，衒（てら）うことなく次々と句を作る。説明的な句，季重なりの句，無季の句，意味のわからない句があろう。しかし，とりあえず数を作らせることをさせたい。説明調，季重なり，無季，語意語法の間違いは大人の句会でも普通に見られることである。一つ一つを駄目と言ってしまわずに，まずは作る楽しみを味わわせる。

次に，とりあえず出来上がった作品を班内で交流し合い，よいと思う句を選ばせる中で，本文の読み取りを深めた。

1の場面（ごんのいたずら）では，「もずの声」を詠み込んだ句について交流した。
「もずの声きんきんひびく村の中」…村中にもずの声が響いていて広がりがある。
「もずの声朝にひびくよ遠くまで」…さわやかな朝に響いたのだと考えている。
「もずの声おっかあの悲しみひびく声」…もずの声は，ごんの気持ちだけでなく，おっかあの悲しみまでも表している。

2の場面（兵十のおっかあの葬列）では，「彼岸花」を詠み込んだ句について交流した。
「彼岸花いはいをさげる女性達」…彼岸花は，亡くなった後の世界を思わせる。
「彼岸花風にゆられてみおくるよ」…彼岸花を葬列を送る人にたとえている。
「彼岸花人々通り踏み折られ」…踏み折られた彼岸花の悲しみ。さらに，その彼岸花が目に入らないほど悲しみも深かったのではないか。
「彼岸花悲しみ知らずさき続け」…彼岸花のあざやかさが，悲しみを際立たせている。

3の場面（ごんのつぐない）では，「栗」を詠み込んだ句について交流した。
「どっさりとくりを拾ってもっていく」…ごんの手でかかえている姿が目に浮かぶ。
「人の家くりをもってくどっさりと」…見つかれば殺されてしまうのにどっさりと持っていく様子が表されている。
「毎日ねごんはくりをあげつぐないだ」…毎日せっせとつぐないをすることにひたすらなごんの様子が表されている。

4，5の場面（兵十と加助の後を追うごん）では，「月」を詠んだ句について交流した。
「十五夜に兵十たちが照らされる」…ごんから見ると兵十がスポットライトを浴びているような感じがする。
「月の夜二人のかげをふみながら」…兵十の話が聞きたくて近づいている様子が表れている。
「月の夜二人の会話聞きながら」…兵十たちの話を聞きながらついていくごんの幸せなひとときが表されている。

6 子どもの学びの姿

どの子どもも，ためらいなく俳句作りに没頭していた。書く材料があるので，あとは，どこをどう省略し，整えようかと思案している。五・七・五のリズムというのは，日本語の固有の音律なのだろうか。句作の経験の少ない児童も，次々と，作り上げていくから不思議でもある。

南吉の文章表現を取り入れることができるので，子どもも満足げであった。また，多少表現に問題があっても，皆同じ読書体験のもとに句作をしているので共感を得やすい。

「ごんぎつね」の物語の構成は，季節感や季語を場面の設定に据えつつ，登場人物の心情の変化と響き合わせている。ごんの解放感，いたずら心は，「もずの声」として響き，おっかあを亡くした悲しみは，「彼岸花」として咲き，ごんのつぐないの気持ちは「栗や松茸」として表れ，ごんの兵十を思う心は「月」として明るく輝いている。

作句は，作ったことで完成ではない。そこからが推敲の始まりである。とりあえずできた自分の作品とグループの友達の作品とを交流し合うことで，今まで作句に考え込んでいた子どもの顔が晴れ晴れとしていた。同じ情景を詠んでも異なる作品に触れて驚いたり，うまい作品に触れて感心したりしながら，本文の読み取りを深めていた。友達の共感を得る作品に焦点を当てながら，物語理解を進めることができた。

この授業…

ここがポイント

1　季語をイメージ化する

物語を読む学習においては，情景描写と登場人物の心情を結びつけながら読むことが大切である。本実践では物語の一場面を俳句に書き換える活動を取り上げている。まず，季語のイメージ化のために，言葉に注目させる。穴あき俳句に補う言葉を吟味する中で，子どもは，俳句として切り取る一瞬の場面にふさわしい言葉を選び出す。子どもの支持する言葉は，登場人物の心情と呼応する言葉であり，各場面で選ばれた季語からは,子どもが「ごんぎつね」に描かれる豊かな情景の一コマ一コマを味わいながら切り取っている様子が伝わってくる。

2　子どもの作った俳句を交換し，全体の場で取り上げる

五・七・五のリズムにのせて，子どもが楽しく作った俳句を，子ども同士で交換することによって，読みを深め合う。同じ物語の世界を俳句にしているので，理解，共感を得やすい。互いの俳句を交換し合い選句するなかで，俳句の世界に自然に引き込まれていく様子がわかる。さらに，選ばれた句のよさを教師が示し，全体で確かめながら味わうことによって，俳句の約束事にとらわれて句作するのではなく，お気に入りのシーンを，お気に入りの表現で味わう活動の中，ごんの心情を映し出す情景描写と言葉にみるみるうちに繊細になっていく子どもの様子が伝わってくる。

11

シリーズの特徴を活かして「車のいろは空のいろ」物語を書こう

教材

「白いぼうし」（光村・教出）

単元の目標

【読むこと・書くこと】
・「車のいろは空のいろ」の続編を創作するというめあてを持ち，人物の人柄や物語の構造・物語に特徴的な表現について叙述をもとに想像して読むことができる。
・読み取ったことを活かし，「車のいろは空のいろ」の物語を書くことができる。

1 単元について

●単元における書き換え活動と付けたい力

本単元は，シリーズの特徴を活かして「車のいろは空のいろ」物語を創作するという言語活動を通して，登場人物や物語の構造・表現などについて叙述をもとに想像を膨らませて読む力や書く力を付ける。（「C　読むこと」（1）「ウ　場面の移り変わりに注意しながら，登場人物の性格や気持ちの変化，情景などについて，叙述を基に想像して読むこと」及び，「B　書くこと」（1）「ア　関心のあることなどから書くことを決め，相手や目的に応じて，書く上で必要な事柄を調べること」）

シリーズに合わせた形でオリジナルの物語に書き換えるという言語活動では，もとになる物語を「書く視点で読む」ことが重要になる。そのためには，物語のファンタジー構造や人物の設定，表現方法などのシリーズの特徴を分析する必要があり，叙述をもとに想像を膨らませて読む力を付けるとともに，その力を書く力として使うことができると考え，この書き換え活動を行うこととした。

シリーズの特徴をつかむためには複数の作品を比べながら読むことが効果的である。「あまんきみこさんそっくりに書こう！」という目的のもと，シリーズの複数の作品を比べながら読むことを通して，シリーズに共通する①登場人物の設定，②物語の構造や展開，③物語に特徴的な表現の工夫の３点に着目し，必要感を持って読むことで，読み取りの中で分析したことを書き換えにスムーズに活かせるようにする。

また，単元に入る前から「書くために読む」意識を持って事前読書や並行読書を行ったり（工夫①），コーチングの手法を生かした編集会議を設定したり（工夫②）するなどの手立てを工夫する。

●全国学力・学習状況調査との関わり

20年度　B問題2　設問三

同一作者（椋鳩十）の作品の比べ読みを行い，表現を問う問題である。二つの作品の表現方法の違いを見つけ，その違いを条件に合わせて説明する力が必要となる。

この力を付けるための書き換え活動

本単元では，シリーズの特徴を活かしてオリジナルの物語に書き換えるという目的のもと，同一シリーズの中の二つの作品の比べ読みをすることで，シリーズに共通する点や表現方法の違いに着目させることができる。

2 単元の学習プロセス（10時間）

つかむ

モデルから学習課題をつかみ見通しを持つ力

●シリーズの特徴を読み取り，オリジナルの「車のいろは空のいろ」物語を書くという学習課題をつかみ，学習計画を立てよう。（１時間）
・モデルを見て，これから創作する作品のイメージを持つ。
・シリーズの特徴を活かしてオリジナルの物語に書き換えるには，どのような学習をすればよいか考え，学習計画を立てる。

(1)

書き換える

①オリジナルの物語を書くために，シリーズの特徴をつかみ，人物設定や構成，表現などの観点に沿って読み取る力

●オリジナルの物語を書くために，「車のいろは空のいろ」シリーズを三つの観点に沿って分析しながら読み，特徴をつかもう。（４時間）
①登場人物の設定
・シリーズに共通する主人公の「松井さん」の性格や人柄を，叙述をもとに読む。
②物語の構造や展開
・シリーズに共通するファンタジー構造を読む。
・話の展開の相違点と作品のイメージとの関係を読む。
③表現の工夫
・あまんきみこさんらしい表現を読む。
・明るく楽しい話と悲しくさみしい話との表現の違いを読む。

ポイント❶ 人物の設定に着目する

ポイント❷ 構造や展開に着目する

ポイント❸ 表現の工夫に着目する

②人物設定や構成，表現などの観点に沿って読み深めたことを活かして，オリジナルの物語を書く力

●「車のいろは空のいろ」を分析しながら読んだことを活かして，オリジナルの物語に書き換えよう。（４時間）
①構想カードを書く。
・おおまかな物語の展開（ファンタジー構造）を考える。
・松井さんの人物像をもとに，言動を考える。
・明るい話かさみしい話かを決め，表現の工夫を考える。
編集会議①…構想カードをもとに構造や展開について話し合う。
②分析の観点（人物像・構造と展開・表現）が活かされているか意識しながら下書きをする。
編集会議②…下書きをもとに人物像や表現について話し合う。
③アドバイスを活かして，清書する。そして，奥付やあとがきを書き，製本する。

工夫② 編集会議を行う

(8)

振り返る

書き換えの観点から互いの作品の面白さを読み取る力

●オリジナルの「車のいろは空のいろ」を読み合い，感想を述べ合う。（½時間）
・読み深めてきた視点がどのように活かされているかを意識しながら，友達の作品のよさを見つけるようにする。
●物語創作のコツや身に付いた力，今後に活かしたいことをまとめ，学習の振り返りをする。（½時間）
・あとがきを発表し合う。

(1)

事　後

・いろいろなシリーズの本を紹介し合い，今後の読書の幅を広げる。

工夫① 事前読書・並行読書により物語の世界に浸らせる（物語地図・作品のイメージを表す言葉集めなど）

3 教師の書き換えモデルと書き換えのポイント

単元の導入では，教師モデルを提示しゴールのイメージを持たせた。次にシリーズの共通点・相違点を考えながら読み取る際は，どこに着目すれば続編が書けるのか教師モデルをもとに話し合い，以下のように分析しながら書き換えのポイントをまとめた。さらに，読み取ったことを活かして構成メモや下書きを書く際にも教師モデルを提示し，書き換えのポイントの活かされ方を確認した。

初雪のよるに

夕方から降り始めた雨が、いつの間にか細かい雪に変わっていました。

（どうりで寒いわけだ。）

今年初めての雪です。うで時計をちらっと見ると、真夜中まであとほんの少しの時間です。こんな時間に、しかも雪の夜ですから、人はもちろん車もほとんど通りません。

（今日はもう、店じまいにするかな。）

松井さんが空色の車を会社にむかってもどろうとしたその時です。オレンジ色のあわい街灯の下に、白いかたまりのようなものが見えました。

（なんだろう？）

松井さんはブレーキを踏み、速度を落としてしんちょうに近づきました。

すると、おどろいたことに、小さな女の子が足を抱えてうずくまっていました。真っ白いふわふわしたぼうしに、まっしろいコートを着ています。松井さんは車から降りて、女の子のそばにいき、優しく声をかけました。

「こんなおそくに、どうしたんだい？」

すると、女の子は涙でぬれた顔を、はっと上げました。

「ころんで…、足を…くじいちゃったの…。」

女の子は、とぎれとぎれに小さな声で答えました。

「それはいたかったろう。よければ家まで送っていくよ。」

女の子の青ざめた顔に、ぱあっと赤い色がうかびました。

「…いいの？」

「ああ、どうせ今日は店じまいするところだったんだ。」

松井さんが笑顔で答えると、女の子は小さな小さな、でもはっきりした声で

「ありがとう。」

とはにかみながら言いました。

松井さんは、女の子にかたをかし、いためた足に気をつけながら車に乗せました。

【中略】

松井さんは車にもどってから、寒さでかじかんだ手でそっと水色の包みを開けてみました。中には、星の形をした色とりどりのこんぺいとうが入っていました。

もも色のこんぺいとうを一つつまんで、口にほうりこみ、エンジンをかけました。すると、舌の上でおさとうのかけらがほろほろとくずれ、口の中いっぱいにあまく優しい味が広がりました。

（ふふふふふ…。わた雪みたいだなあ…。）

ふと空を見上げると、いつの間にか雪がやんで、夜空に星がきらきらまたたいていました。まるで、たくさんのこんぺいとうを空にまいたような、優しい星空でした。空色のタクシーは、星空の下をすべるように走って行きました。

書き換えのポイント❶

人物の設定に着目する

シリーズに共通する主人公の人柄や性格などを読み取ることで書き換えに活かせるようにする。教科書教材や並行読書で読み取った松井さんの「優しい」「独り言が多い」「よく笑う」などの特徴が教師モデルにも活かされていることに気づかせる。

書き換えのポイント❷

構造や展開に着目する

ファンタジー構造を理解し，入り口と出口がタクシーと大きく関わっていることを読み取る。また，明るい話なのか，悲しい話なのかなどによって，客の設定や物語の展開が異なることに気づかせ，教師モデルでどのように表現されているか確認する。

書き換えのポイント❸

表現の工夫に着目する

表現の工夫に着目して読み比べることで，色や擬音語が多く用いられていることを読み取る。その上で作品のイメージによって使う色や音，季節や時間が異なることなどにも気づかせ，教師モデルでも表現の工夫が活かされているか確かめる。

「車のいろは空のいろ」シリーズの特徴について，教材文や並行読書してきた本，教師のモデルで読み取り，書き換えの三つのポイントについて確認する。

その後，実際に児童が構成メモを書く際には，教師作成の構成メモのモデルを示す。

この構成メモと教師モデルの物語を照らし合わせ，児童が構成メモを書くときにどの点に着目すればよいかに気づかせる。

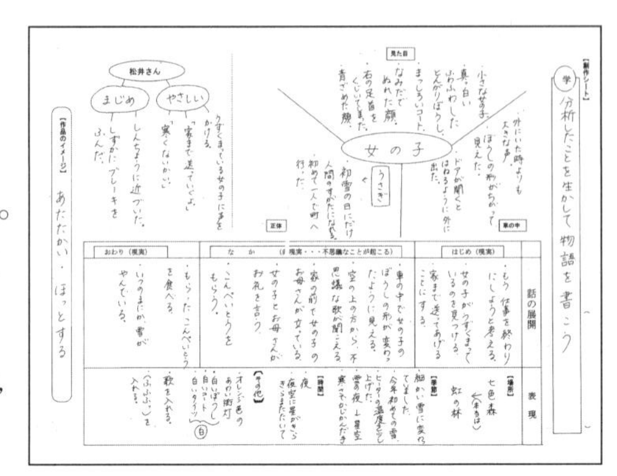

教師による構成メモのモデル

4 子どもの作品と考察

読み取る

✎書き換えのポイント❶

登場人物の人柄や性格，意外な一面などを，叙述を根拠にして分析することで，書き換えの際に松井さんらしい言動を考えることができた。

✎書き換えのポイント❷

共通教材である「白いぼうし」と「くましんし」の不思議な話の展開を比べ読みし，現実と非現実の入り口と出口を考え，作品のイメージとの関係を分析することで，話の展開を考えることができた。

✎書き換えのポイント❸

表現の工夫（季節・天気・時間・色・音など）を比べ読みし，作品のイメージによって異なる点やシリーズとして共通する点などについて分析し，自分の表現に活かすことができた。

三つの観点に沿って読み取る
（ポイント❸表現の工夫の例）

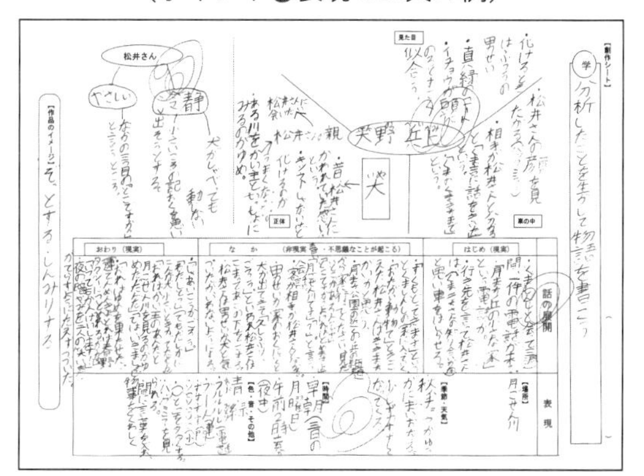

読み取った三つのポイントを活かして構成メモを書く

構成メモを書く

書き換えの三つのポイント（①人物の設定②構造や展開③表現の工夫）ごとに項目を立てた１枚のワークシートを活用した。

読み取る際と同じ形のワークシートを活用し，三つの項目ごとに自分の書きたいイメージをまとめることで，読み取ったことを活かして書き換えができるように工夫した。

分析した観点を活かして，〰〰人物の設定や□色や音，季節などの表現を工夫している。また，ファンタジーの入り口出口を意識して，明るいイメージの話に仕上げている。

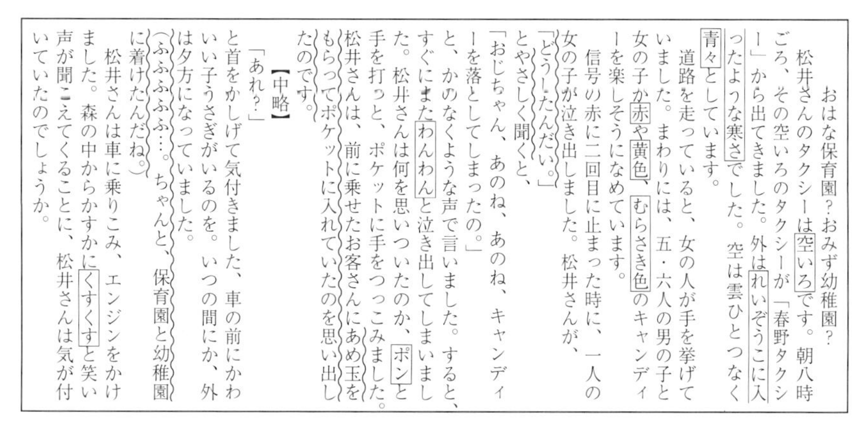

おはな保育園？おみず幼稚園？

松井さんのタクシーは空いろです。朝八時ごろ，その空いろのタクシーが「春野タクシー」から出てきました。外はれいぞうこに入ったような寒さでした。空は雲ひとつなく青々としています。

道路を走っていると，女の人が手を挙げていました。まわりには，五・六人の男の子と女の子が赤や黄色，むらさき色のキャンディーを楽しそうになめています。

信号の赤に二回目に止まった時に，一人の女の子が泣き出しました。松井さんが，

「どうしたんだい。」

とやさしく聞くと，

「おじちゃん，あのね，あのね，キャンディーを落としてしまったの。」

と，かのなくような声で言いました。すると，すぐにまたわんわんと泣き出してしまいました。松井さんは何を思いついたのか，ポンと手を打つと，ポケットに手をつっこみました。松井さんは，前に乗せたお客さんにあめ玉をもらってポケットに入れていたのを思い出したのです。

【中略】

「あれ？」

と首をかしげて気付きました，車の前にかわいい子うさぎがいるのを。いつの間にか，外は夕方になっていました。

（ふふふふ…。ちゃんと，保育園と幼稚園に着けたんだね。）

松井さんは車に乗りこみ，エンジンをかけました。森の中からかすかにくすくすと笑い声が聞こえてくることに，松井さんは気が付いていたのでしょうか。

三つの観点を活かして「車のいろは空のいろ」のオリジナル物語を書く
（実際の作品は手書き）

5 書き換え活動を効果的にする工夫

工夫① 事前読書・並行読書をする

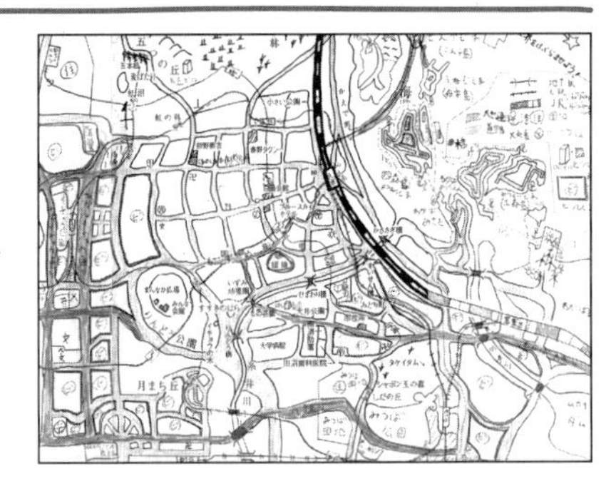

単元に入る前から「車のいろは空のいろ」シリーズを集め，教室に置いたり読み聞かせをしたりすることで，児童が興味を持って読み進めることができるようにした。物語のイメージごとに分類し，登場人物の共通点を探しながら読むことで，シリーズの共通点や相違点に目が向くようになっていった。

また，単行本の見返しにあった地図を活用して物語地図を作り，物語に出てくる場所に印を付けながら読んだり，想像を膨らませて地図を広げていったりした。さらに，気に入った表現に付箋を貼ること等を通して，創作意欲を高めるようにした。

工夫② 編集会議を行う

構想段階と下書き段階の２回，小グループでの編集会議を行うことで，自分の考えを明確にし，さらによくするにはどうしたらよいかを考えさせ，表現力の向上につなげるようにした。

編集会議は，①自分の作品の構想を説明する②よいと思ったことを話し合う③観点に沿って質問をする④アドバイスをする，の手順で行った。ここでは，特に，書き手の思いや意図に共感し，よいところを承認するとともに書き手の発想を広げるようなよい質問をするなど，「コーチング」の姿勢を大切にさせるように心掛けた。また，どんな話し合いを行ったらよいか，教師作成の台本を提示することでイメージを持たせることができ，効果的であった。

〔編集会議１回目〕・構成メモを紹介し合い，自分が書きたい作品のイメージと，客の設定や不思議な話の展開が合っているかどうかを話し合う。

〔編集会議２回目〕・下書きを紹介し合い，「あまんきみこさんらしい表現」になっているか，自分が書きたい作品のイメージになっているかなどについて話し合う。

【編集会議② 台本】

1 はじめに、（ぼく・わたし）の物語をしょうかいします。作品のイメージは、「あたたかい・ほっとする」です。「女の子に化けたうさぎがケガをしてしまい、松井さんに家まで送ってもらう」という話にしました。編集会議1で、○○くんに「だんだん正体がわかった方がいいのでは」というアドバイスをもらったので、徐々に変わるように工夫しました。

1 では、この作品で、よいと思ったところを教えて下さい。

2 はい。松井さんらしさがとてもよく表現されていると思います。とくに、「寒くないかい？」と声をかけるところがやさしくていいなと思いました。また、歌声につられてリズムを取るところも松井さんらしいです。

3 わたしは、とちゅうに入っている歌がいいなと思いました。作品のイメージに合っていると思います。

（中略）

1 次に、何か質問はありますか？

4 あたたかいイメージの作品にするために、どんな工夫をしましたか？

1 まず、色を「オレンジ」「もも色」など、明るい色にしました。また、「ふわふわ」「ぽかぽか」などやわらかいイメージの言葉を多くしました。

（中略）

1 アドバイスがあれば教えてください。

3 はげしく降っていた雪が、終わりの部分ではいつのまにかやんでいるのですが、ここは、降っているままでもいいと思うのですが、どうですか。

1 ここは、「こんぺいとうのような星」という表現を使いたかったので、雪がやんだことにしました。でも、もう少し考えてみます。

（後略）

6 子どもの学びの姿

単元を通して，「あまんきみこさんそっくりに書く」という目的を常に意識したことで，シリーズの特徴を探しながら，必要感を持って読む姿が見られた。また，同じシリーズでも読んだ時の印象が異なるのはなぜかを考えることができ，楽しい作品には明るい色，悲しい話には暗い色が多用されていることなどにも気づいていた。

構成メモを書く段階では，複数の作品を分析しながら読んだことで，自分の書きたい物語のイメージがほぼ固まっている子どもが多く，どんどん書き進める姿が見られた。また，普段は書くことが苦手な子どもも，シリーズの中の一つの作品をモデルとし，その一部を書き換える方法を提示することで，自信を持って書いていた。

本のあとがきには，「ぼくは本を読むことがあまり好きではありませんでしたが，今回の『車のいろは空のいろ』を読んでおもしろいと思ったのをきっかけに，本が好きになりました。編集会議では，みんなにほめてもらい，またアドバイスもしてもらってこのような作品になり，自分でも納得しています。この学習で，ぼくは本作りに自信が持て，とてもすっきりしました」のように，本単元で得られた達成感や本単元で身に付いた力を振り返る姿が見られた。

この授業…

ここがポイント

1　あまんきみこさんらしい表現の工夫を読む

このシリーズに続く物語を創作するために，あまんきみこさんの表現の特徴をつかむ必要があった。子どもは，シリーズの作品を読み比べることで，「車の色は空の色」に共通した要素である色や音，比喩の使い方の特徴に気づいていく。そして，オリジナル作品を創るにあたり，まずイメージを決め，それに合った色や音，比喩などを使って表現するために言葉を選ぶ。イメージにぴったりの言葉を丁寧に探すことにより表現の工夫が生まれ，出来上がった作品に対して自分だけのオリジナルという満足感を持つことができた子どもの様子が目に浮かぶ。

2　編集会議を効果的に活用する

本実践はオリジナルの物語を創るという個々の活動であるが，２度の編集会議を設け，友達と話し合うことで対話的な学びも実現することができた。子どもは編集会議によって，自分のイメージを膨らませたり，確かなものにしたりして，自信を持って書き進めていた。さらに友達との協働の意識が生まれ，作品を友達に読んでもらいたいという目的意識にもつながった。また完成した友達の作品を読み合うとき，お互いに読みの視点をはっきりさせて意見を交換することができ，有意義な学習の振り返りが実現した。

12

新聞記事を作ろう

教材
「花を見つける手がかり」（教出）

単元の目標
【読むこと】
・新聞の科学欄の記事に書き換えることを通して，科学的な説明文における実験の結果と結論や実験と実験の関係，段落の役割を読んで説明することができる。

1 単元について

●単元における書き換え活動と付けたい力

本単元では，ちょうが花を見つける手がかりが何かを探る実験の道筋と，実験や観察を積み重ねて事実が解き明かされる科学の面白さを読み，その実験から結論までの道筋を新聞の科学欄の記事に書き換えるという言語活動を行う。科学欄の記事とは，２分の１枚程度の紙面に書かれている，専門的事柄をわかりやすく説明したもので，キャラクターが科学的事項をかみ砕いて説明したり，流行の病気予防やスポーツのルール説明などを箇条書きや絵・図表，キャプション等を取り入れて説明したりした記事を参考にして書き換える。

読み取ったことを効果的に伝える記事に書き換える言語活動を通して，結果と結論，実験と実験の関係を捉えて読む力を付けることができると考えた。これによって，主に「C　読むこと」(1)「イ　目的に応じて，中心となる語や文をとらえて段落相互の関係や事実と意見との関係を考え，文章を読むこと」の力を身に付ける。

書き換えるために，教師モデルや新聞の参考記事からわかりやすさの理由を見つけていく。教材文は，問いの予想となる条件を消去法的に絞り込んでいく科学的な思考過程に即して述べられている。書き換えを通して，事実と考えを整理して読む力を付けていきたい。

書き換えは実験を中心に行う。①わかりやすく説明するために，各実験の目的・方法・結果・結論の共通点・相違点に着目して読む，②実験と実験の関係に気づかせるために，事実と考えに着目して読む，の２点を書き換えのポイントとする。

効果的に書き換えるために，実験の見出しを話し合う（工夫①），編集メモに整理してから記事にまとめる（工夫②），読み取ったことは視覚化して提示する（工夫③）ようにする。

●全国学力・学習状況調査との関わり

25年度　B問題2　設問一
リーフレットで打ち上げ花火の歴史を伝えるために，図鑑の文章の一部を書き直す問題である。目的に応じて必要な情報を取り出し，事象と結果の関係性に整理して書き直す力が必要となる。

→

この力を付けるための書き換え活動
実験の経緯を新聞で簡単にわかりやすく伝えるために，実験の方法と結果，結論を読み取り，実験相互の関係や共通点，相違点に着目して内容を整理して，要約する力を付けることができる。

2 単元の学習プロセス（9時間）

つかむ

モデルから学習課題をつかみ見通しを持つ力

●科学の読み物「花を見つける手がかり」を読んで，わかった事実とわかるまでの実験の面白さを伝える新聞記事を書くという学習課題をつかみ，学習計画を立て，見通しを持つ。（1時間）
①モデルや参考記事を読み，書き換える記事のイメージを持つ。
②わかりやすい記事に書き換えるために必要な学習計画を立て，見通しを持つ。

(1)

書き換える

新聞に書き換えるために、段落相互の関係や事実と意見の関係、書きぶりを読み取る力

●科学欄の記事を書くために，「花を見つける手がかり」を段落のつながりやまとまりに気をつけて読む。（4時間）
①記事の割り付けを工夫するために全体の構成を読む。
②実験のつながりをわかりやすく書くために，段落の見出しを話し合いながら内容（実験の共通点と相違点）を読み取って要約する。そのとき，事実と考えに着目して段落のつながりを整理しながら編集メモにまとめる。
③科学の面白さを伝えるために，研究者の思いが表れる表現を見つけて読む。
●実験によって「花を見つける手がかり」を解明した研究を，わかりやすい新聞記事に書き換える。（3時間）
①割り付けを考える。
実験の面白さやつながりを中心に書き換える。
②実験について大事な言葉を落とさずに簡潔にまとめる。
実験のつながりや筆者の伝えたいことがわかる表現を工夫する。

工夫①　見出しを話し合う

ポイント❶　実験の共通点と相違点に着目して読む

ポイント❷　事実と考えに着目して読む

工夫②　編集メモに要約する

工夫③　実験のつながりを視覚化する

(7)

振り返る

書き換えの観点から、互いの作品のよさを読み取る力

●新聞記事を読み合い，感想を述べ合う。（1時間）
①花を見つける手がかりが色であることが実験からわかるか，実験と実験のつながりがわかるか，簡単に書かれているかを意識しながら，友達の新聞のよさを見つけるようにする。
②友達の新聞記事を読んだ後，自分の作品を振り返る。

(1)

事　後

・新聞記事にまとめるコツを確認し，配布物の便りを読んだり他教科で情報収集や発信をしたりする際に，付いた力を活かしていく。

3 教師の書き換えモデルと書き換えのポイント

ゴールのイメージを持たせるとともに，実験を通してわかる面白さを味わわせるために，他の教材「いるかのひみつ」（教出３年・読書資料）で作成した新聞モデルを提示した。学習計画立案時に，簡潔にまとめる必要性を感じたところで編集メモのモデルを提示し，このメモの要約文をもとにして書き換えていることをつかませる。

書き換えのポイント❶

実験の共通点と相違点に着目して読む

モデルの記事や編集メモは，記事のもととなる説明的文章との対比を通して，実験の回数や方法，条件の違いがわかりやすいことに気づかせていく。わかりやすさの理由を考えさせ，短くまとめている，見出しで共通点をまとめている，条件の違いが箇条書きで書かれている等，書き換えのコツをつかめるようにする。

書き換えのポイント❷

事実と考えに着目して読む

実験をわかりやすく書き換えるために，絵や図表，ナンバリング，吹き出し等の表現の工夫を捉えさせる。それらを使い分けて書き換えようとすることで，事実にもとづいて考えたことが次の実験につながること，事実と考えは語尾に違いがあることに気づくようにして，読み取りの着目点にしていく。

事実の共通点…障害物実験・目かくし実験
事実の相違点…真っ暗な夜・透明なプラスチック板・えさのにしん・何種類かの魚

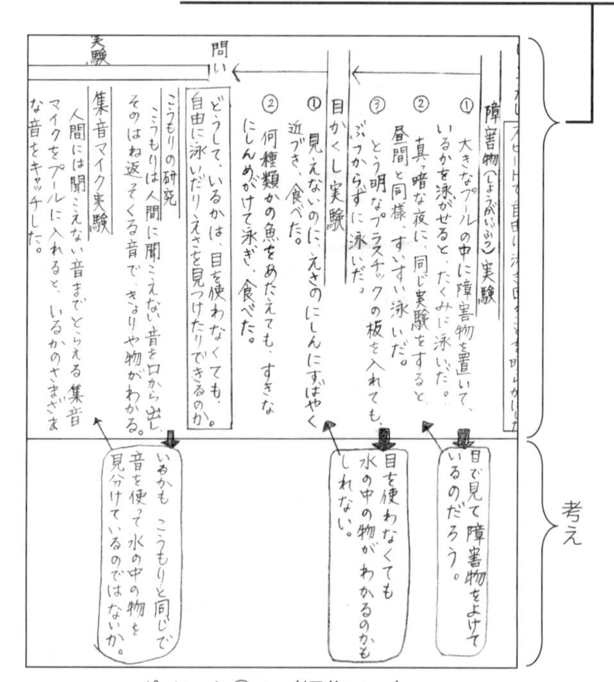
障害物（しょうがいぶつ）実験
①大きなプールの中に障害物を置いて，いるかを泳がせると，たくみに泳いだ。
②真っ暗な夜に，同じ実験をすると昼間と同様，すいすい泳いだ。
③とう明なプラスチックの板を入れても，ぶつからずに泳いだ。

目かくし実験
①見えないのに，えさのにしんにすばやく近づき，食べた。
②何種類かの魚をあたえても，すきなにしんめがけて泳ぎ，食べた。

問い
どうして，いるかは，目を使わなくても，自由に泳いだり，えさを見つけたりできるのか。

こうもりの研究
こうもりは人間に聞こえない音を口から出し，そのはね返ってくる音で，きょりや物がわかる。

集音マイク実験
人間には聞こえない音までとらえる集音マイクをプールに入れると，いるかのさまざまな音をキャッチした。

実験

目で見て障害物をよけているのだろう。
目を使わなくても水の中の物がわかるのかもしれない。
いるかもこうもりと同じで音を使って水の中の物を見分けているのではないか。

考え

ポイント①の〈編集メモ〉

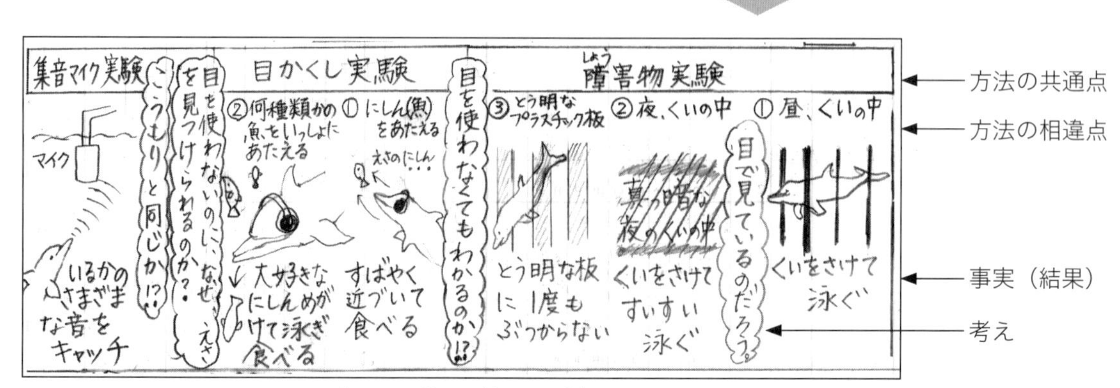

方法の共通点
方法の相違点
事実（結果）
考え

ポイント②の〈新聞記事〉

4 子どもの作品と考察

編集メモ A

新聞記事の実験説明部分 C

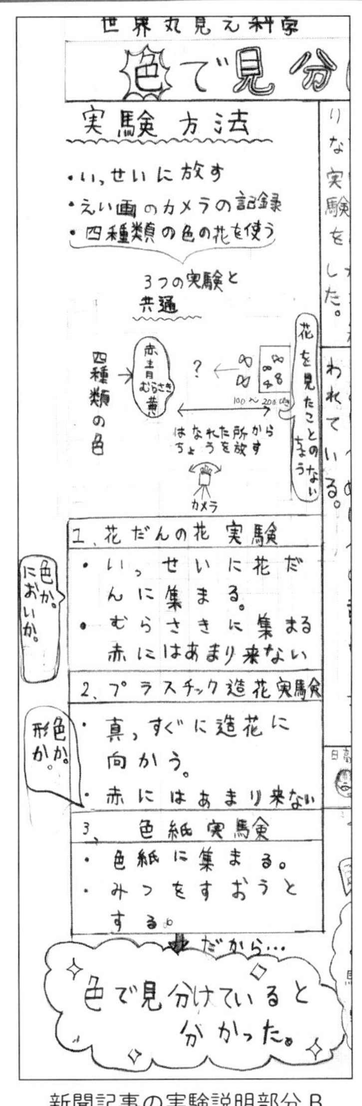

新聞記事の実験説明部分 B

書き換えのポイント❶

Bの作品は，実験の共通点と相違点を書き分けている。各実験に共通な方法は上部に文と絵でまとめて表現し，手がかりの条件（色・におい・形）を絞り込むために使用した花・造花・色紙は，相違点として実験の見出しにしている。

書き換えのポイント❷

Aの編集メモは，考えを次の実験との関係を意識して，「においは関係なく，色か形にしぼられてきた。」と自分の言葉でまとめた。Bの作品は，考えを吹き出しにして事実と区別している。Cの作品は，手がかりの条件を×で消去して，結論を絞り込んでいく過程を見てわかるようにしている。

5 書き換え活動を効果的にする工夫

工夫① 見出しを話し合う

わかりやすく書き換えるのに有効な見出しを話し合うことで，実験内容の共通点や相違点，事実と考えを読み分けていった。意見交換していく中で，読み深めることができ，また，見出しとなる視点が複数あることを知ることができたので，各自の書き換えでの見出し作りに役立った。

例　造花……実験に使用したもの（相違点）
　　におい…手がかりの条件　　（相違点）

個人→グループ→全体と段階的に検討したので，自信がない児童もグループ活動で意見を共有でき，自分の見出しを決めることができた。

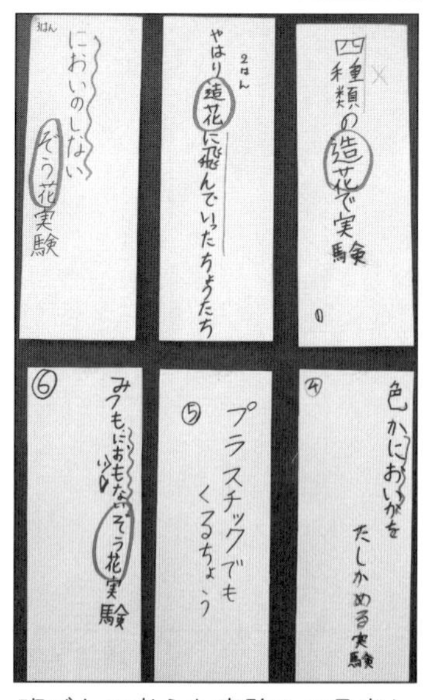

班ごとに考えた実験２の見出し

工夫② 簡潔に書き換えるために，編集メモ（前頁：編集メモA）に要約する

教材文を編集メモに整理してから新聞記事に書き換えたことで，教材文を写すことなく，工夫した表現が見られた。編集メモ作りでは，実験ごとに要点をつなげたり言い換えたりして要約した。見出しを話し合う中で，方法・結果・結論の共通点と相違点が言及され，詳細な説明や繰り返しの文，理由，例えなどは省くことにしたので，新聞記事に書き換えるときは，共通点と相違点，事実と考えに焦点を絞って整理することができた。

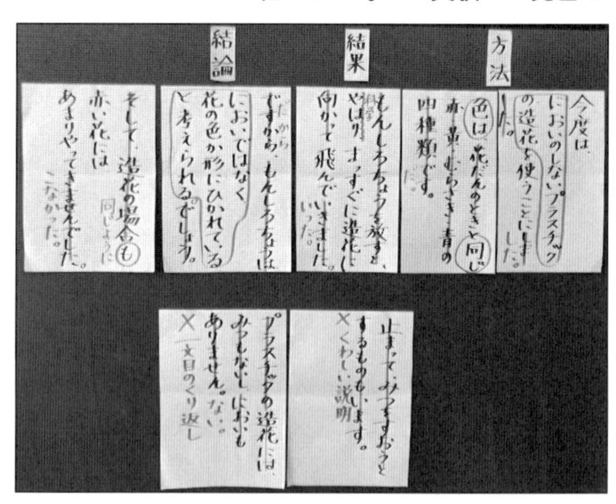

工夫③ 実験のつながりを視覚化する

手がかりの条件が消去法で絞り込まれていく過程は子どもにわかりにくい。そこで，話し合ったことを表にすることで結論を明確にし，結論と次の実験の条件の関連がわかるようにした。表は常時，掲示しておくことで，新聞記事に書き換える際に，結果と結論，実験の条件の違いを明らかにして書くことに役立った。

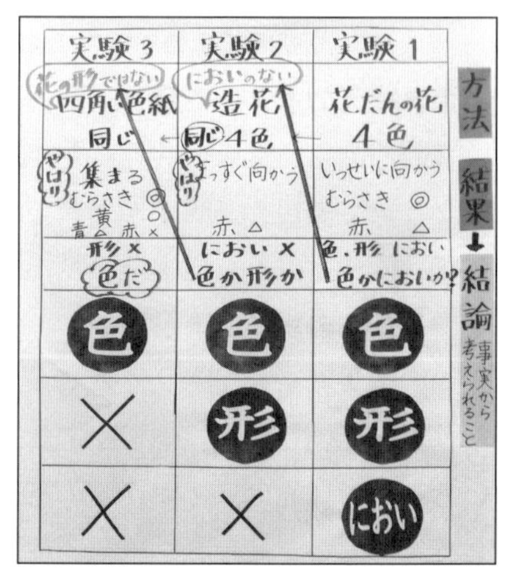

6 子どもの学びの姿

文章を目的に応じて書き換えるため，目的とイメージを明確に持たせることが大事だと考えた。導入で，教師が提示した実際の新聞の科学欄やスポーツ記事のルール解説等を見ながら，「文章で説明するよりわかりやすい」「絵やマンガがあると，一目でルールがわかる」と反応しながら，文章を書くことが苦手な子どもも活動の中で，同じ文章でも要約の形態はいろいろあることを発見していった。

大がかりな実験の用意
実験結果
ー日高先生のお話ー
これは、青虫を育て
成虫にして、実験をしなて
いと、できないので青虫
を育てるのも、大変だ。
映画のカメラも用意しな
ければならない。実験を
して、色で見分けると思
ったが、たまたまみつが
付いていないだけだと思
って念のため、赤の色紙
にみつをつけたものを用
意した。だが、やはり、
来なかったので、色を目
当てに来ているとわかっ
たのだ。

実験の見出しを検討すると，目的や内容について意見交換が行われ，共通点や相違点に気づいていった。事実と考えを編集メモの上下段に分けて書いたことで，接続語や文末表現を意識して読んだ。科学者らしい表現に着目し，用心深く実験を重ねていく研究の面白さを表現するものもあった。

１人で要約するのが困難な子どもは，板書を見て，要点をつなげて，まとめていた。そうした子どもは実験部分だけの書き換えでよいとした。要約できた子どもは，よりよい書き換えに向けて，まとめる・言い換える・補う等に挑戦するようにすると，編集メモの交流場面で，進んで文を書き直す姿が見られた。記事の書き換えときには，表現の工夫にこだわって大事な言葉が抜け落ちることがあったので，そこでも交流が必要だと感じた。今回は，実態を考えて実験を段落ごとに読んだが，共通点と相違点に着目しながら三つの実験を同時に読むことも有効である。

この授業…

ここがポイント

1　事実と考えとを読み分け，整理して表現する

説明的文章の学習では，事実関係の表現と筆者の考えや思いの表現とを明確に区別して読み取ることが大切である。中学年にとって決して容易ではない取り組みだが，本実践では書き換える作業を通してその違いに気づかせ，整理することにつなげている。さらには，科学の面白さを伝えることを目的とすることで，筆者の思いを読み取る手立てとしている。子どもの作品では，吹き出しなどを活用して考えを表現しており，工夫して取り組んでいる様子がうかがえる。

2　「新聞」を活かした言語活動の効用

新聞を活かした教育活動は様々な教科，分野でその効用が示されている。大別すると，実際の新聞の内容や表現を読み取る活動と，「新聞形式」を活かした表現活動が中心である。とりわけ事実を簡潔にわかりやすく表現する手立てとして新聞形式を取り入れることが多いようだ。論理的，客観的な表現を学ぶ上で，大いに有効な手立てである。本実践では，いきなり新聞記事に書き換えるのではなく，編集メモとしての要約文をまとめる作業を取り入れている。子どもの実態を考慮して段階を踏んだ手立ても講じられており，大事な言葉を漏らさず，さらに意欲的に取り組んでいけるようにするためのきめ細やかな配慮が感じられる。

13

推薦文に書き換えよう

教材

「雪わたり」（教出）

単元の目標

【読むこと】
・推薦文に書き換えるため，複数の宮沢賢治作品を比べることで，物語の特徴を読み取ることができる。
・「雪わたり」を推薦文に書き換える活動を通して，登場人物の相互関係や心情の変化，場面の様子をとらえて読むことができる。

1 単元について

●単元における書き換え活動と付けたい力

本単元では，教師が作成した二つの推薦文の読みの観点を分析する。そして，どちらかの形式を選び，宮沢賢治作品で推薦文に書き換えるという言語活動を行う。

この言語活動を通して，本の特徴を読み取り，相手意識を明確にして推薦文を書く力を付けていく。本単元では，主に「C　読むこと」（1）「エ　登場人物の相互関係や心情，場面についての描写をとらえ，優れた叙述について自分の考えをまとめること」と「カ　目的に応じて，複数の本や文章などを選んで比べて読むこと」の能力を身に付けることをねらいとしている。

物語「雪わたり」で学習したことを，推薦文に書き換える言語活動では，もととなる二つの推薦文に何が書かれているのか，理解することが重要である。Aの推薦文では，「物語を繰り返し読むことで気がついた『大造じいさんとがん』の魅力」が，Bの推薦文では，「作者に注目し，同じ作者の複数の本を読むことで気がついた『椋鳩十作品』の魅力」が書かれている。また相手意識としてAは「物語を繰り返し読んだことがない人」，Bは，「作者に注目して本を読んだことがない人」を対象としている。「雪わたり」や，その他宮沢賢治作品を複数読み，自分が推薦したいことを効果的に伝えるには，どちらの書き方がよいのか判断させていく。

モデルの推薦文を参考にして文章を書くために，①AとBの読み方の違いを捉える，②相手意識の違いを比べて読むという，２点を書き換えのポイントとした。モデル文を２種類用意し，比べることで違いが明確になり，それぞれの読み方が捉えやすくなる。また推薦文を書く際，物語の特徴を捉えるための読みの観点を持つ（工夫①），相手の読書意欲を喚起するための推薦の言葉を入れていく（工夫②），宮沢賢治の作品を並行読書するようにする（工夫③）。

●全国学力・学習状況調査との関わり

25年度　B問題③　設問一・二

「ごんぎつね」について書かれた二つの推薦文から，それぞれの推薦している対象や理由，読み方の違いを読み取る問題である。推薦の理由や読み方など，文章の違いを区別し，二つの推薦文の特徴を捉える力が必要となる。

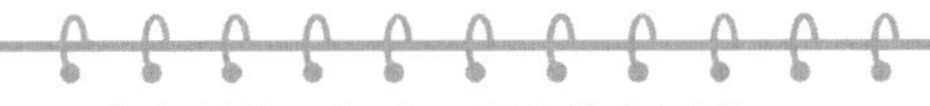

この力を付けるための書き換え活動

本単元では，二つの推薦文を参考に，物語を推薦文に書き換える。二つの推薦文の比べ読みをすることで推薦文の書き方を読み取る力，読みの観点を持たせることで，物語の特徴を読み取る力を付ける。

2 単元の学習プロセス（10時間）

つかむ

モデルから学習課題をつかみ見通しを持つ力

●「雪わたり」を推薦文に書き換えるという学習課題をつかみ，学習計画を立てよう。（1時間）

①教師モデルを見て，推薦と紹介の違いを知る。

②「雪わたり」を読み，作品の魅力を交流する。

(1)

書き換える

①推薦文に書き換えるために，二つの推薦文の比べ読みをし，それぞれの読み方の違いを捉える力

●物語の読み方と推薦文の書き方を知るため，二つの推薦文を比べ読みしよう。（5時間）

①二つの推薦文を比べ，違いを読みとる。

【二つの推薦文の違い】

A物語を繰り返し読むことで気がついた『大造じいさんとがん』の魅力を，注目した場面を中心に推薦している。

推薦する相手：繰り返し物語を読んだことがない人

B作者に注目し，同じ作者の複数の本を読むことで気がついた『椋鳩十作品』の魅力を，登場人物を中心に推薦している。

推薦する相手：作者に注目して本を読んだことがない人

②物語を推薦する時に注目する観点を知る。

【物語を推薦する時に注目する六つの読みの観点】

- 文章の種類や形態
- 登場人物
- 構造・展開
- 表現・叙述
- 意図や題材
- 作者

③推薦をするために，どのような言葉が使われているか読みとる。

ポイント❶ AとBの読み方の違いを捉える

ポイント❷ 相手意識の違いを比べて読む

工夫① 読みの観点を持つ

工夫② 推薦するための言葉を入れる

②登場人物の心情や相互関係など，注目する観点に沿って読みとったことを活かして，推薦文を書く力

●物語を推薦するための観点をもとに，複数の宮沢賢治を読み，推薦文に書き換えよう。（3時間）

①複数の宮沢賢治作品を読み，二つの推薦文から，自分に合ったものを決める。

②選択した推薦文の書き方を参考に，推薦文に書き換える。

(8)

振り返る

書き換えの観点から，お互いの推薦文の違いを読みとる力

●出来上がった推薦文を読み合い，感想を述べ合う。（1時間）

①AとB，それぞれの推薦文を読み，読み方やの違いや言葉の工夫を見つける。

②物語を推薦するときの読み方や，推薦文の構成など，今後に活かせそうなことをまとめ，学習を振り返る。

(1)

事　後

・お気に入りの本を推薦するときに，学んだ読み方を参考にする。

工夫③ 宮沢賢治の作品を並行読書する

3 教師の書き換えモデルと書き換えのポイント

教師のモデル

二つの推薦文を提示することで，物語の読み方，相手意識の違いを読みとっていく。

A 「いつまでも、いつまでも、見守っていた。」

これは「大造じいさんとがん」の最後、がんの頭領である残雪を、大造じいさんが見送る場面です。❶なぜ、あんなにいまいましく思っていた残雪を、大造じいさんは最後に「えいゆう」と呼んだのか。❷物語を何度も読み返すと、その理由が少しずつ分かってきました。

この話は、狩人である大造じいさんと、がんの頭領である残雪を描いた物語です。大造じいさんは、狩りのじゃまをする残雪をいまいましく思っていました。そんなある日、残雪は仲間を守るため、自分よりも大きなはやぶさに立ち向かい、大けがをしてしまいます。その姿に心を動かされた大造じいさん。さらに残雪は、近づいてきた大造じいさんをにらみつけ、頭領としてのいげんを見せつけます。

「ただの鳥に対しているような気がしなかった。」

私も大造じいさんと同じ気持ちになりました。仲間のためなら、自分の命もかえりみず助けようとする残雪の姿はまさに「えいゆう」です。そんな残雪の姿を、大造じいさんはいつまでも見ていたかったのだと思います。

❷物語を読む時、一度だけではなく何度か読み返すことで、その作品の魅力をより深くあじわうことができます。

「大造じいさんとがん」には他にも魅力がたくさんあります。読んだことがある人も、ぜひもう一度読んでみてください。

B 私は、椋鳩十さんの「大造じいさんとがん」を読んで、仲間のため、自分よりも大きな敵に立ち向かう残雪と、そんな残雪を英雄と認める大造じいさんに、とても魅力を感じました。❷この作品をきっかけに、私は椋鳩十さんの他の作品も読んでみたいと思いました。

「片耳の大シカ」は、シカ狩り名人の吉助おじさんたちと出かけた主人公と、何度も狩人たちの手から逃れた大将、片耳の大シカを描いた物語です。始めは、何とかしてあいつをやっつけたいと思っていた狩人たちですが、大嵐で濡れた体を、敵味方関係なく温め合う動物たちを目の当たりにし、自分たちもその群れの中に入ります。最後、構えた銃を下ろすまでの三人のやりとりが、とても気持ちいいです。

「月の輪ぐま」は、イワナ釣りをするため、遠山川に出かけた主人公たちと、二ひきの子ぐまを連れた、親の月の輪ぐまを描いた物語です。始めは、子ぐまを生け捕りしようと考えていた主人公たちですが、自らの命をかえりみず、滝つぼに飛びこむ親ぐまの姿に胸を打たれてしまいます。死んでしまったと思っていた親ぐまが動き始めた時の、主人公たちの喜ぶ姿が、とても心に残りました。

❷椋鳩十さんの作品には、たくさんの魅力的な登場人物が出てきます。❶人間と動物の心温まる話が好きな人にはぴったりです。ぜひ読んでみてください。

書き換えのポイント❶

AとBの読み方の違いを捉える

AとBの推薦文の読み方の違いを捉えていく。Aは，「なぜ大造じいさんは，残雪を『えいゆう』と呼んだのか」という疑問から，残雪とはやぶさが戦う場面を中心にくり返し読み，自分の考えを書いている。Bは，「大造じいさんとがん」「片耳の大シカ」「月の輪ぐま」という複数の椋鳩十作品を読むことで気がついた「人間と動物の心温まる話が多い」という作者の作品の特徴を書いている。

書き換えのポイント❷

相手意識の違いを比べて読む

AとBそれぞれの推薦文が，どんな人に向けて書いてあるのかを考えていく。Aは「同じ物語を繰り返し読んだことがない人」，Bは「作者に注目して本を読んだことがない人」に向けて書いている。どちらも相手に新しい読書の仕方を推薦している。

4 子どもの作品と考察

❶「うそですとも。けだし最もひどいうそです。だまされたという人は、たいていお酒によったり、おくびょうでくるくるしたりした人です。」

　これは、「雪わたり」で、紺三郎が四郎とかん子に、きつねが無実の罪を着せられていることを話す場面です。❶なぜ、あんなに熱心に紺三郎は言っていたのか。❷何度も読み返す内に分かってきました。

　このお話は、四郎とかん子が、子ぎつねの紺三郎と出会い、幻灯会に招待される話です。礼儀正しく、一緒に歌を歌ったり、きびだんごを用意したりするきつねの姿を見て、私は気づきました。❶きつねって悪い生き物ではないということに。そのことを分かってほしくて、紺三郎はあんなに熱心に言っていたのだと思いました。

　「雪わたり」には、面白い場面もたくさんあります。❷読んだことがある人も、もう一度読んでみてください。

Aをもとにした児童作品（※一部省略）

私は❶「雪わたり」を読んで、きつねたちを信じると決心した四郎たちと、人を尊うきつねたちの姿に感動しました。私はこの作品をきっかけに、❷宮沢賢治さんの他の作品も読んでみたいと思いました。

❶「注文の多い料理店」は、二人の紳士が訪れた山奥にある料理店での出来事を描いたお話です。自分たちが料理されているとは気づかず、最後びっくりしている場面がとても面白いです。

❶「祭の晩」は、祭の晩、お旅屋に出かけた亮二と、正直者の山男のお話です。亮二に助けてもらい、お礼の品をたくさんあげる所に、山男の優しさを感じました。

❶宮沢賢治さんの作品は、擬音や情景描写がとても特徴的で、作品をより面白くしています。個性豊かな登場人物もたくさん出てくるので、❷みなさんもぜひ読んでみてください。

Bをもとにした児童作品（※一部省略）

書き換えのポイント❶

Aをもとにした児童作品では，「うそですとも。けだし最もひどいうそです。」と熱心に語る紺三郎の姿に注目し，「なぜ，そんなに熱心に言うのか？」という疑問を持っている。その理由について，幻灯会でのきつねたちの礼儀正しい姿や，一緒に歌を歌う場面などから，「自分たちは悪い生き物ではない」という紺三郎たちの強い思いを読み取り，自分の考えを書くことができている。Bをもとにした児童作品では，「雪わたり」「注文の多い料理店」「祭の晩」という三つの宮沢賢治作品を取り上げ，宮沢賢治作品に登場する魅力的な人物や，特徴的な擬音や情景描写について書いている。「雪わたり」を読んだだけでは気づけなかった作者の作品の特徴に気づくことができた。

書き換えのポイント❷

Aをもとにした児童作品では，「何度も読み返す内に分かってきました。」「読んだことがある人も，もう一度読んでみてください。」と，同じ作品をくり返し読むことを薦めることができている。Bをもとにした児童作品では，「宮沢賢治さんの他の作品も読んでみたいと思いました。」と同じ作者の作品を読もうと思ったきっかけが書けている。また複数の作品を読んで気がついた宮沢賢治作品の特徴を踏まえ，「みなさんもぜひ読んでみてください。」と薦めることができている。

5 書き換え活動を効果的にする工夫

工夫① 読みの観点を持つ

〈読みの観点〉
①文章の種類や形態（ジャンル）
②登場人物（人物像，人物相互の関係）
③構造・展開（あらすじ）
④表現・叙述（描写，文体，人称）
⑤意図（見方や考え方）や題材（人，もの，こと）
⑥作者（生き方や考え方，影響を与えたもの）

本や文章の特徴を捉えて推薦するためには，どこに注目して読めばよいのか，観点を知識として得ておく必要がある。そこで子どもには，六つの観点を示した。ＡとＢの推薦文では，それぞれどの観点に注目しているのかを確認した。Ａは②登場人物，③構造・展開，④表現・叙述について，Ｂは②登場人物，③構造・展開，⑤意図や題材に注目して書いている。注目する読みの観点を押さえることで，宮沢賢治作品を読む際の読み取りに役立った。

工夫② 推薦するための言葉を入れる

推薦文では，相手の読書意欲を喚起することが大切である。そのため，「心温まる話です」「とても魅力的です」などの作品を評価する言葉や，「〜をおすすめします」「ぜひ読んでください」などの推薦の言葉を子どもに示した。推薦の言葉を工夫させることで，「読んでほしい」という思いが，より相手に伝わることを確認した。

工夫③ 宮沢賢治の作品を並行読書する

同じ作者の複数の作品を読むことで，物語の特徴をより明確に捉えることができる。そのため，単元に入る前から複数の作品を教室に置き，読書タイムなどに読むよう声を掛けた。共通点を聞くと，「夜の場面が多く使われているのには，何か意味があるのかな」など，特徴的な擬音や情景描写，登場人物から気がついたことをたくさん挙げ，そこから想像を広げた読みへとつなげていた。

○宮沢賢治作品に共通すること（登場人物やストーリー，表現など）

擬音語があり，文章にリズムがある。相手を気づかって，ていねいな話し方をしている。他人のことを先に考えられる。
雪わたり「キックキックトントン」
月夜のけだもの「ガチガチ」「ガアッ」「カサカサ」
気のいい火山弾「ツンツン」「ピッカリコ」「どんどん」「プルルル」「ザザザザ」「トンテントン」「ポッシャントン」「カンカンカン」
人のしゃべり方が独特。詩が多い。

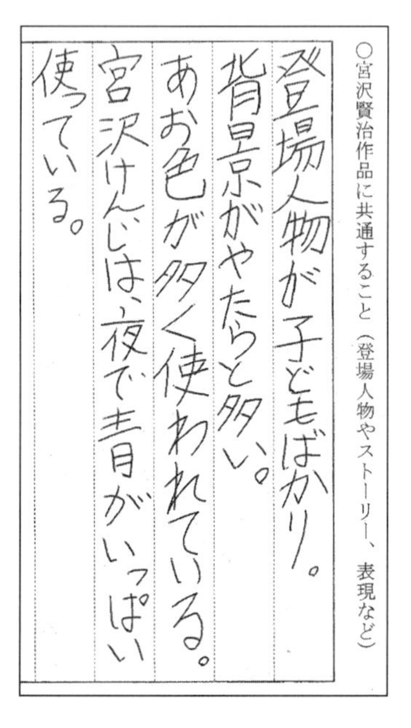

6 子どもの学びの姿

二つの推薦文を比べる際,「どんな本を」「どんな人に」「どのような理由で」推薦しているかなど,比べる観点を明確に示した。それにより,「Aは,同じ本を繰り返し読んだことがない人に薦めている」「Bは,作者つながりを意識していない人に薦めている」など,推薦する相手や読み方の違いに目を向けて読むことができた。

また,「そうそう。前に読んで面白かった本と同じ作者の本を選ぶと,面白いことが多い」「同じ本も,もう一度読み直すと新しい発見があるね」など,これまでの読書経験と結びつける発言が多く出てきた。子どもがそれぞれのよさについて実感していたことで,「そのような読み方をしたことがない人に薦めたい」と,相手意識を持つことに役立った。

読みの観点を与えたことで,何に注目して読めば,作品の特徴に気づけるのか明確になり,意欲的に活動していた。日頃,「うれしかった」や「悲しそうでした」など,直接的な表現だけで登場人物の心情を読み取ってしまう子どもも,情景描写などの間接的な表現からも読み取ろうという姿勢が見られた。また,二つのモデルの推薦文があることで,書くことに抵抗がある子どもも,自分に合った書き方を選び,形式を真似ながら最後まで書き上げていた。

宮沢賢治作品を読んでいると,「動物がよく出てくる」「言葉の表現が独特」などのつぶやきが子どもから出てきた。そのつぶやきを聞いた別の子どもが,「じゃあこの独特な表現からも,登場人物の気持ちが考えられるのかもしれない」と言い,もう一度作品を読み返す姿が見られた。

この授業…

ここがポイント

1　二つの推薦文を参考に,宮沢賢治の作品を推薦文に書き換える

本実践では,二つの推薦文（物語自体の推薦,作者の複数の作品の推薦）を読み比べ,違いを捉えて物語の推薦文を書くという言語活動を行っている。誰への推薦かを意識させることで,相手意識（物語を繰り返し読んだことがない人,作者に注目して他作品を読んだことがない人）を明確にしている。どんな観点で推薦文を書くか意識させ,言葉を工夫させることは,「読んでほしい」という思いを伝える推薦文を書く上で,重要な活動となっている。

2　読書意欲を喚起するために,物語の特徴を読む

物語を推薦するときに注目する読みの観点（文章の種類や形態,登場人物,構造・展開,表現・叙述,意図や題材,作者）を学ぶことで物語全体の構造がはっきり捉えられる。推薦文を書くためには,心情の変化や状況設定などをしっかりと読み取ることが不可欠である。その上で自分が推薦したいところに焦点をあてて書かせることが,推薦文を書く力を高めている。合わせて並行読書を取り入れ,宮沢賢治の作品世界の特徴に気づかせ,推薦文を書く意欲につなげている。そのことが児童のより主体的な活動を引き出しているといえる。作品の魅力を交流することは,推薦文の構成や書き方を学ぶとともに今後の子どもの読書生活を支えることにもなる。

14 立場を決めて資料を読み取り，自分の意見を持とう

教材
「世界遺産　白神山地からの提言―意見文を書こう」（教出）

単元の目標
【読むこと】
・学習活動を通して，白神山地を守るためにはどうしたらよいのか，資料の要旨を捉え，自分の立場を明確にしながら読み，意見を持つことができる。

1 単元について

●単元における書き換え活動と付けたい力

本単元は，二つの立場（ア）人を自然に近づけないようにして守る，（イ）人間が自然と関わりながら守る，で書かれた文章を読み自分の立場を決め，根拠となる文章や資料をもとに自分の意見をリーフレットに書き換えるという言語活動を行う。今回はリーフレットを木の形にし，右側に資料，左側に意見，幹の部分に見出しを書く「ツリーフレット」という名称で活動を行った。

自分の立場を決める際，根拠となる文章や資料を分析する必要がある。まずは二つの文章と六つの資料を読み取り，事実や意見を分析し自分の立場を決定する。決定した後は自分の立場からもう一度「白神山地を守るためにはどうしたらよいのか」という視点で自分の知識や経験などと関連づけながら再度文章や資料を読み取り，そこからわかった事実や感想をもとに自分の意見を持ち，リーフレットにまとめていく。

これは学習指導要領の「C　読むこと」（1）「ウ　目的に応じて，文章の内容を的確に押さえて要旨をとらえたり，事実と感想，意見などとの関係を押さえ，自分の考えを明確にしながら読んだりすること」に関する能力をつけさせようとしている。

ツリーフレットに書き換えるために，①自分の立場側から資料を読み取り，意見文に必要な資料を選ぶ，②資料から読み取った事実を引用して自分の考えをより明確にする，の２点をポイントに行う。また，書き換えをより効果的にするためにワークシートを使って自分の考えをまとめたり（工夫①），同じ立場同士で交流させたり（工夫②）するなどの手立てを工夫する。

●全国学力・学習状況調査との関わり

26年度　Ｂ問題2　設問二・三
付箋の内容を関連づけて，野口さんのまとめを書く。付箋からわかったことや疑問に思ったことを読み取る力，付箋の内容を関連づけながらまとめて書く力が必要となる。

この力を付けるための書き換え活動
自分の立場をはっきりとさせ，資料からわかる事実を読み取り，関連づけながら自分の意見をツリーフレットにまとめる。

2 単元の学習プロセス（9時間）

つかむ

教師モデルから学習課題をつかみ、見通しを持つ力

●白神山地を守るためにはどんな方法がよいのかを「ツリーフレット」に書こう。（1時間）

・教師モデルから学習課題をつかむ。

●二つの文章を読み，白神山地について知ろう。（1時間）

・白神山地は日本で最初の世界遺産になり，貴重な天然資源であることを知る。

・緩衝地域，核心地域の役割を知る。

・守るためには二つの立場がある事を知る。

教師のモデル

(2)

書き換える

文章や資料からわかる事実を読み取る力

●ツリーフレットを書くために，資料を分析し，自分の立場を決めよう。（4時間）

①六つの資料を読み取り，白神山地を守るために，（ア）人を自然に近づけないようにして守るのか（イ）人間が自然と関わりながら守るのか自分の立場を決める。

②自分の立場から再度文章や資料を読み，立場に合った事実をまとめる。

③同じ立場のグループでどのように資料を読み取ったのかを話し合い，交流を通して自分の考えを深めたり広げたりする。

工夫①
自分の考えを決定するワークシート

ポイント❶
自分の立場から資料を読み取り，必要な資料を選ぶ

工夫②
同じ立場で交流する

自分の経験と結びつけながら自分の考えを明確にしていく力

●自分の考えを明確にする根拠を示し，ツリーフレットに書き換えよう。（2時間）

①教師のモデルを分析し，どのように書かれているのかを理解する。

②資料を引用しながら意見を書く。

ポイント❷
資料から読み取った事実を引用して自分の考えをより明確にする

(6)

まとめる

友達の意見文を読んで考えたことを話し合い，自分の考えを広げたり深めたりする力

●出来上がったツリーフレットを読み合おう。（1時間）

・友達の作品を読み合い，同じ立場でも資料の使い方によって多様な読みがあることを学ぶ。

・違う立場を知ることで，自分の考えを改めて見直し，まとめる。

(1)

3 教師の書き換えモデルと書き換えのポイント

ツリーフレットにまとめるにあたり，教師モデルを提示し，学習課題をつかませた。

私は、白神山地を守るためには、多くの人に白神山地の素晴らしさを知ってもらうことが大切だと思います。

白神山地の世界遺産地域は「核心地域」と「緩衝地域」の二つの地域に分かれています。資料①からも分かるとおり、多くの地域が核心地域となってるので、入山届が必要になります（資料②）。また、緩衝地域も本来の自然の姿を壊さないよう手立てがとられています。

何より、資料⑤の及川さんのⒶ「この自然を大切にし、ぼくの植えたブナを子どもたちにも見せてあげたい。この景色は、一生の思い出だ。」と感想にも書いてあります。やはり、自然の本当の良さを知ることで「大切にしよう」という思いがでてくるのではないでしょうか。Ⓑ「自然を守ろう」という思いはみんな持っていると思いますが、実際に新鮮な空気を吸ったり、美しい風景を見たりすることで資料③のような残念なことは減ると思います。

このようなことから私は、人間が自然と関わり合いながら白神山地を守るべきだと思います。

【ツリーフレット教師モデル】
左側の自分の意見をまとめた文章（右側には資料）

書き換えのポイント❶

自分の立場から資料を読み取り，必要な資料を選ぶ

モデルは「(イ)人間が自然と関わりながら守る」立場で自分の意見をまとめている。人間がどのように自然に関わることで守ることができるのかを明らかにするために文章や資料を読み，まとめている。使った資料は①，②，③，⑤の四つで，それぞれ自分の考えを明らかにするために必要なものである。

資料①と③を使うことで，入山に申請が必要な（人が簡単に入ることができない）「核心地域」が白神山地のほとんどを占めていることを説明している。また，資料③では，勝手に人間がテントを張るために木を切ってしまったという内容だが，資料⑤の及川君の言葉から，本当の自然のよさを知ればそのようなことがなくなるのではないかと自分の考えをまとめている。

書き換えのポイント❷

資料から読み取った事実を引用して自分の考えをより明確にする

教師モデルでは点線Bのことを伝えたいと考えている。そこでそれをより説得力のあるものにするために，書き換えのポイント❶では，資料を選んだ。その選んだ資料から自分の考えをより明確にするものを引用する。モデルでは，資料⑤の及川さんの感想を読み，必要なところを引用した(A)。そうすることでより説得力のある意見になることがわかる。

4 子どもの作品と考察

書き換えのポイント❶

自分の立場である(イ)「人間が自然と関わりながら守る」を伝えるために資料を三つ選んでいる。資料①は単なる白神山地を表した地図だが,「こんなに広いのだから足を踏み入れた方がいい」と読み取っている。資料③では「入山者がテントの場所を確保するために四本の木を伐採した」という事実が書かれている。これは一見自然の中に人間が入らない方がよいのではと思うが,資料⑤を「白神山地に入ることで自然のよさを知り,感謝できる」を選ぶことで,資料③のようなことが減るのではないかと二つの資料から自分の考えを形成している。

【ツリーフレット児童作品】

教科書 p.21 資料③

教科書 p.22 資料⑤

教科書 p.18 資料①

B

A

左側（意見）　右側（資料）

書き換えのポイント❷

三つの資料（資料①,③,⑤）から読み取ったことをそれぞれ右側に書いてありまとめている。自分の意見をまとめる左側では,資料⑤の「実際にブナの森をトレッキングした及川君も自然のすばらしさを知ってくれて森に感謝していた…(A)」,「実際に行って自然のよさを伝えてくれています。(B)」を引用することで,実際に白神山地に足を踏み入れ,その素晴らしさを知ることが大切だという思いをより明確にすることができた。

5 書き換え活動を効果的にする工夫

工夫①　資料を読み取り，自分の考えを決定するワークシート

二つの文章と六つの資料の事実からどんなことがわかるのか，今までの知識や経験と関連づけながら読ませる必要がある。そこで，ワークシートを使って一つ一つの文章や資料を読ませ自分の立場を決定させた。立場が決定したら再び資料を見直し，その資料から自分の考えの根拠となるものだけをワークシートに書かせる。もう一度書かせる理由として同じ資料でも捉え方の違いでどちらの立場にも使えるからである。

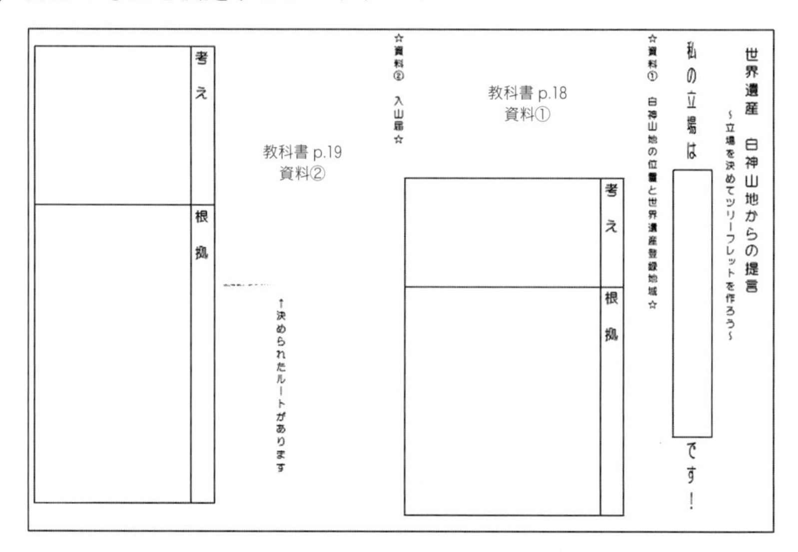

例えば資料③では，「入山者がテントの設営場所を確保するために四本の木を違法に伐採したと思われる。」という記事になっている。これは（ア）の立場で読み取ると，「人が森に入ることで森が荒らされているから入らない方がよい」と捉えることができる。一方（イ）の立場で読み取ると「ブナなどの貴重な自然のことを知らないからこのようなことが起きる，だから自然にもっと関わってその大切さを知ってほしい」と読み取ることができる。このように自分の立場から書かれている文章や資料についてもう一度意図的に読み取らせるためにワークシートでまとめた。

工夫②　同じ立場で交流する

学習が苦手な子どもは，なんとなく自分の考えを持つことができても資料から根拠を示すことが難しい。そこで同じ立場同士でワークシートを読み合い，交流させた。

学力的に支援の必要な児童Aは（ア）の立場だったが資料と自分の考えを結びつけることができなかった。そこで同じ立場の少人数による交流を通して，資料②の入山届を書いているにも関わらず，資料③のような木を勝手に切ってしまう人がいるので人が入らない方がよいという根拠を見つけ自分の意見をしっかりと持つことができた。つまり，自分の考えを見つけられない子どもが，交流を通して，自分の経験に気づくことができ，自分の考えを持つことができたのである。また，すでに意見が固まっている子どもも，友達の意見を聞いて自分の考えを広げたり深めたりすることができる。

6 子どもの学びの姿

ポイント①の「自分の立場から資料を読み取る」場面では，はじめ児童Bは「核心地域に入るためには入山届が必要」という資料②を「これなら人が自由に入れないからよい」と読み取っていた。しかし，資料③の人間が自然破壊をしたことを知り，(ア)の「人を自然に近づけないようにして守る」立場になった。もう一度資料②を読み取った際，人間が入山してほしくないという考えがあるので，「誰でも入山届を書けば核心地域に入ることができるので入れない方がよいのではないか」と読み方を変えていた。

学力的に支援が必要な児童Aは工夫2の交流を通して，自分の考えの根拠となる資料を見つけることができた。最後のリーフレットを読み合う交流では，友達の意見に触れた後，「始めは人が入らない方がいいという立場でした。しかし，児童Cの意見の中に書いてあった，及川君の感想から『子供のうちから素晴らしい自然に感動することで自然と人間が守っていかなくてはいけない気持ちになる』という考えを聞いてたしかにそうだと思いました。ぼくも旅行で自然の素晴らしさは知っています。(中略) はじめはよくわからなかったけど，最後は自分の考えがしっかりと持てたのでよかったです」と感想を書いていた。このように自分の経験と結びつけて読ませたり，交流させたりすることで，自分の意見を持つために読む活動の楽しさを経験できた。

この授業…

ここがポイント

1　資料と関連づけながら，意見をまとめる

本実践では，自分の立場をはっきりさせ，資料と関連づけながら読み取った事実をまとめ，リーフレットに書き換えるという言語活動を行っている。資料から読み取った事実を引用することでその根拠を確実に伝えるものになっている。さらに，「考え」と「根拠」を見開きにすることで読みやすいリーフレットとなっている。読み手が手に取りやすい表現の工夫も，まとめた意見を伝えるための大事な要素である。同じ立場で交流させることも，自分の考えや資料の見方を広げ，個々の力を高めるために意義のある活動である。

2　自分の立場にあった資料を読み取る

資料を読む力を付けるために，高学年では自分の考えを明確にしながら読むことが大切である。立場を主張するためには，説得力のある資料を選択しそれを有効に使う必要がある。そこで，資料ごとに「考えと根拠」を書いてから立場を決め資料を見直し，考えの根拠になるものだけ再び書くという活動を取り入れている。同じ資料でも，いろいろな見方ができるという資料の多様な読みに触れる実践でもある。複数の資料から自分の考えの根拠を見つけ，資料を組み合わせて使うには，情報の高度な取捨選択能力を育てる必要がある。

15

伝記を読む

教材
「伊能忠敬」（教出・6年）「百年後のふるさとを守る」（光村・5年）「手塚治虫」（東書・5年）

単元の目標
【読むこと】
・伝記をリーフレットに書き換える活動を通して，複数の文章を比べて読み，観点にもとづいて整理することができる。要約や引用をしながら要旨をとらえ，生き方について考えながら読むことができる。

1 単元について

●単元における書き換え活動と付けたい力

本単元は，伝記をリーフレットに書き換える活動を通して，複数の文章を比べて読み，それを関連づけて自分の考えをまとめる力を付ける。リーフレットは1枚の紙を折りたたむことによってコンパクトにまとまる印刷物である。扱いやすいサイズながらも，表ページ，裏ページ，中面とスペースがあるので結構な量の情報を整理して載せることができる。広告や宣伝に重宝されるものである。(「C　読むこと」(1)「イ　目的に応じて，本や文章を比べて読むなど効果的な読み方を工夫すること」「C　読むこと」(1)「ウ　目的に応じて，文章の内容を的確に押さえて要旨をとらえたり，事実と感想，意見などとの関係を押さえ，自分の考えを明確にしながら読んだりすること」)

リーフレットは，今回は三つ折りのものを選んだ。三つ折りなので，全6面のうち，A面・B面でそれぞれ1項目を当てて，複数の伝記をもとに人物の紹介をする。C面・D面・E面は，大きな図や写真の説明と編集後記にあて，F面は表紙とする。このようにして，リーフレットに書き換えるときに，参照した文章を①要約したり，②引用したり，③複数の内容を関連づけた上で自分の考えを書き加えたりすることができる。参照する伝記は複数用意する。比べ読みをすること（工夫①）で，書きぶりの違いに目を向けさせ，その上で，自分の考えをまとめさせたい。

さらに，比べ読みをする際の観点を子どもとともに考えたい。ここでは少年時代，性格，志したきっかけ，失敗や挫折，偉業，晩年，没後について読み進めた。

●全国学力・学習状況調査との関わり

25年度　B問題2　設問二・三
目的や意図に応じてリーフレットを編集する〈打ち上げ花火の伝統〉問題である。【図鑑の一部】の中から花火師の苦労が具体的に書かれている内容を引用して書く力や，複数の内容を関係づけた上で，自分の考えを具体的に書く力が必要となる。

この力を付けるための書き換え活動
本実践では，A面・B面で，人物の逸話を複数の伝記から取捨選択し，要約して書くことに力点を置いた。さらに，資料の引用や要約のみで終わらずに，取材して得た情報を理由や根拠として，自分の考えを明確にして文章を書かせた。編集後記では，各部分を関連づけて記述したりすることに指導のポイントを置いた。

2 単元の学習プロセス（13時間）

つかむ

モデルから学習課題をつかみ見通しを持つ力

●伝記「伊能忠敬」を読み，リーフレットに書き換えるという学習課題と学習計画を立てよう。（１時間）

①教師のモデルを見る。

②単元の流れ，学習のゴールを知る。

教師のモデル

(1)

書き換える

伝記をリーフレットに書き換えるために、伝記を引用したり要約したりする力

●伊能忠敬を紹介するリーフレットに書き換えよう。（10時間）

①比べ読みをする。

・場面の取り上げ方や表現方法の違いを，自分の表現に活かす。

・使いたい部分に付箋を貼る。

②リーフレットのレイアウトを考える。

・下書きの用紙に，見出し，引用や要約，自分の考え，絵図の位置を決める。

・Ａ面・Ｂ面は比べて読んだ伝記からの逸話を載せ，Ｃ・Ｄ・Ｅ面は，図版と解説，編集後記，Ｆ面は表紙とする。

・一つの逸話は，150字から200字程度に要約する。

③編集会議をする。

・グループで見合う。

・各面の見出し，引用や要約の部分や自分の考えの部分，全ての記事を関連づけた編集後記が書けているか，見合う。

④リーフレットに書き換える。

・画用紙に鉛筆書きで清書する。

工夫①

比べ読みをする

教科書本文の「伊能忠敬」
森銑三著「伊能忠敬」
伊能忠敬記念館のリーフレット
インターネット
比べ読みワークシート

ポイント❶
要約する

ポイント❷
引用する

ポイント❸
複数の記事を関連づけて自分の考えを書く

(10)

振り返る

学習を振り返り、リーフレットに書き換えるコツを見つける力

●友達の作品を読み，学習を振り返ろう。（２時間）

①グループで読み合い，コメントを書く。

・付箋に，情報の取り出し方や要約や引用のよいところを書いて伝え合う。

②学習を振り返り，「伝記を読んでリーフレットに書き換えるコツ」をまとめる。

(2)

3 教師の書き換えモデルと書き換えのポイント

教師モデルのリーフレットを読むことで，学習の見通しをもたせた。

書き換えのポイント❶

要約する

伝記から取り上げる情報の観点として，少年時代，性格，志したきっかけ，失敗や挫折，偉業，晩年などが考えられる。それらの観点について，複数の伝記から逸話を選び，要約して書き，見出しの言葉を工夫してつけた。

A面には，少年時代の逸話を載せた。教科書本文には，わずか3行に星をながめるのが好きなことと算盤が上手だったことが書かれているだけなので，森銑三氏による伝記を参考にして，150字程度に要約した。

B面は，忠敬と師の至時との関係の逸話を載せた。これは教科書本文も森銑三氏の伝記もほぼ同じような内容である。相違点は，何のために全国の地図を作ろうとしたかという動機である。そこを書く場合には，自分でどちらかを選ぶことになる。

さらに，A面・B面とも終わりに，自分の思いや考えを付け足した。

書き換えのポイント❷

引用する

絵図の説明の吹き出しには，資料からの引用がされている。

C面には，測量に使った道具についての解説を載せた。

書き換えのポイント❸

複数の記事を関連づけて自分の考えを書く

編集後記には，A面からは，碁をやめるほどの固い意志を持っていた話，B面からは20歳も年下の先生について学んだ話，C面からは工夫した測量の道具の話，それぞれの要旨に加え，学んだことを書いている。

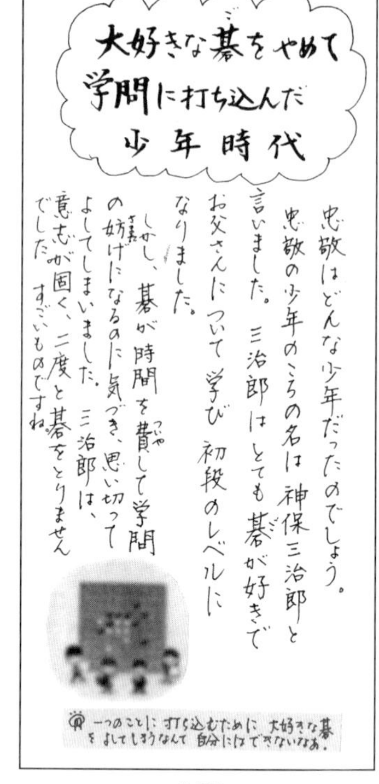

A面

二十歳も年下の高橋至時先生に暦学を学ぶ

その時、先生の至時は三十二歳弟子の忠敬は五十一歳、先生よりも弟子の方が、ほとんど二十歳も年上でした。

忠敬は、もとよりそんな事は気にもとめず、先生について学びました。

至時は、たわむれに、忠敬のことを「推歩先生」と呼びました。推歩先生＝計算先生と言われるほど、忠敬は熱心に天体を測りました。

しかし、忠敬は天体を測ることだけで満足せず、その技術を用いて実際に土地を測り、わが国の正確な地図を作りたいと考えました。

そして 先生の高橋至時は、忠敬より先に亡くなってしまいますが、忠敬は先生の御恩は一生忘れませんでした。病が重くなると「私が死んだら、どうか先生のお墓の隣に埋めてもらいたい」と頼みました。

自分より年下でもすばらしいと思えた人は心から尊敬できたんだね。

B面

編集後記

忠敬の少年時代は、学問のために大好きな碁をやめるほど固い意志を持っていました。

五十一歳の時には二十歳も年下の先生について学び、御恩を一生忘れませんでした。

間縄、量程車、象限儀をはじめとする道具を使い、地球を一周分歩いて測量を続けました。

忠敬の、思い定めたことをたゆまずつとめる生き方を学びました。

D面下

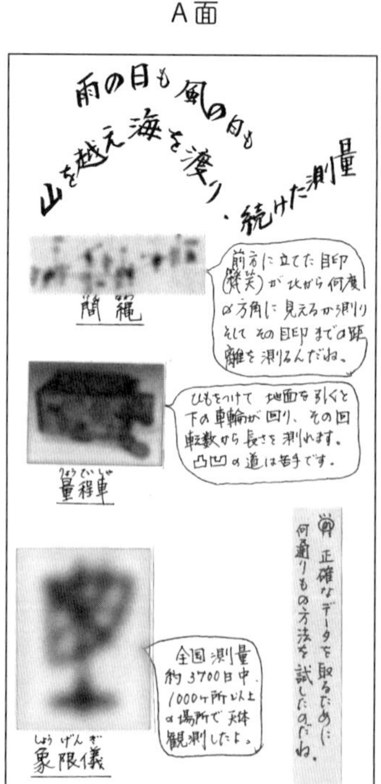

C面

4 子どもの作品と考察

書き換えのポイント❶

伝記から取り上げられた情報の観点として，少年時代，性格，志したきっかけ，失敗や挫折，偉業，晩年などが挙げられる。

それらの観点について，複数の伝記から逸話を選び，要約して書き，見出しの言葉を工夫してつけている。

A面は，森銑三氏の伝記をもとに，「得意なこと（少年時代）」「性格」という観点で要約している。

B面①は，教科書本文をもとに，10回にわたる測量（偉業）について，前半と後半とに分けて，前半の功績が認められて後半では幕臣となり隊員が増員された点に着眼しながら要約して書いている。

B面②は，教科書本文をもとに，全国を測量したきっかけについて，要約して書いている。

書き換えのポイント❷

絵図の説明の吹き出しには，資料からの引用がされている。

C面は，記念館のパンフレットやホームページをもとに，測量の道具について，引用しつつまとめている。

書き換えのポイント❸

D面下の編集後記には，A面からは碁が得意だった話（少年時代），B面②からは緯度一度分の距離を何度も求めた話（偉業），C面からは工夫した測量の道具の話（偉業）を書き，学んだことを加えている。

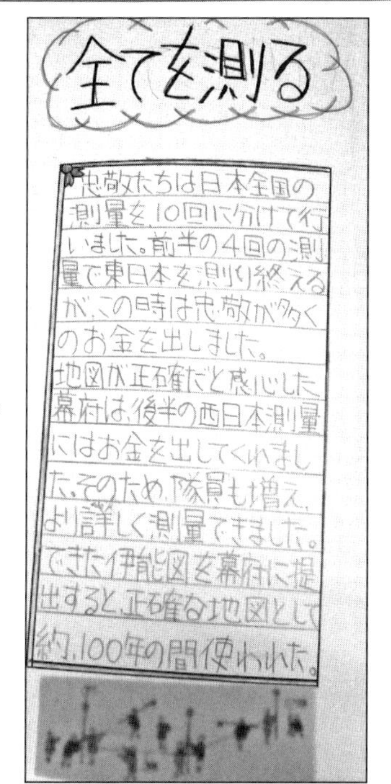

B面①

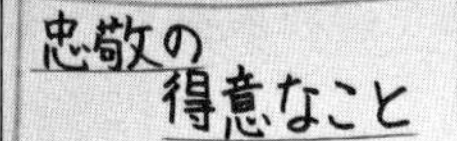

A面

あきらめない心

忠敬は地球の大きさを知るため，緯度1度の長さを知るために始まった地図作り。緯度の長さを何度も求め28.2里という数値を出したが高橋至時は納得してくれなかった。しかし，ねばり強く，あきらめずに測量を続けたため，至時が翻訳中のオランダ語の本，「ラランデ天文書」に書かれていた緯度と一致した。

B面②

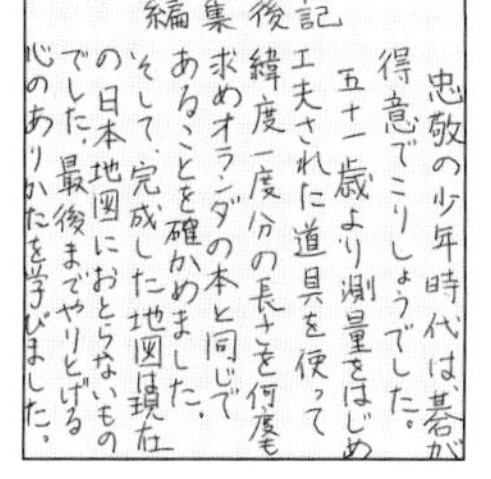

D面下

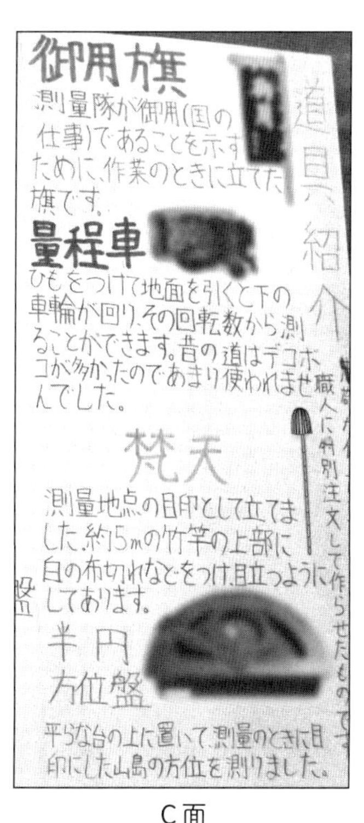

C面

5 書き換え活動を効果的にする工夫

工夫① 教科書本文と森銑三氏の文章とを比べて読み，A面・B面を作る

伝記を比べ読みすることで，少年時代，性格，志したきっかけ，失敗や挫折，偉業，晩年などの観点における書きぶりの違いがはっきりする。これらは「小話の違い」である。

さらに，「題名」「書き出し」「常体と敬体」「使われている写真」にも目を向けさせる。

共通するところには青線を引き，相違点には赤線を引きながら読ませた。

伊能忠敬の場合は，教科書教材では，第１次から第10次と測量を繰り返したことの労苦について重点的に書かれていたのに比べ，森銑三氏の文章は，幼年時代，師弟関係，当時の時代背景を含めて総合的に書かれていたことがわかる。

下のワークシートにまとめることで，A面B面には，どちらの資料の逸話を中心にとって要約したらよいかの構想の手助けとなる。また，測量をすることになったきっかけについては内容に相違があるため，どちらかを選ばせることにした。

一人の人物のことを比べて読む

違うところ

題名	伊能忠敬（教科書）	初めて日本の実測地図を作った伊能忠敬（森銑三の文章）
少年時代	・星をながめるのがすき。 ・算盤が上手で算数の才能がある。	・碁が強かったが、学問のさまたげになるのでやめた。
性格	・何もかも忘れて観測に熱中する。	・天体の観測に心をうばわれていた。そそっかしい。
志したきっかけ	・地球の大きさを知りたい。 ・緯度一度分の長さを知りたい。	・天体だけでは満足せず、その技術を用いてわが国の正確な地図を測りたかった。
失敗逆境	・先生が先に亡くなる。 ・信頼していた部下を失う。	・山を越え、海を渡りなどして測量しながら、どのような雨も暑さ寒さもものの数としなかった。
成功偉業	・文政四年「大日本沿海輿地全図」二百二十五枚を幕府に納めた。	・体は弱い方であったが、ただ精神力一つによって大事業をなしとげた。
晩年		・みんな高橋先生のおかげなので、先生のとなりに埋めてもらいたいと言った。
没後	・今、源空寺の墓地に至時と並んで眠っている。	・海外の学者達や測量に来たイギリス人を驚かせた。

6 子どもの学びの姿

リーフレットに書き換えるときに，まず観点を決め，粗く文章や図版の配置を考える。このレイアウトのときに，交流の場を持つことで，友達のよいところを自分の作品に取り入れることができる。「観点はかたよっていないかな」「測量のことばかりになっているので，少年時代や晩年も入れよう」「測量のことについて書くには教科書の本文が詳しいね」「確かに詳しく書いてあるけれど，まとめて書くには森銑三さんの文章も参考になるね」

そして，観点がかたよっていないか，自分の考えを書く欄はあるか，編集後記はあるかという点についても，相互に感じたことを話していた。

まずは，複数の伝記から逸話を要約させることがポイントの一つであるため，150字から200字の原稿用紙を用意し要約させた。切り貼りに入る前に，要約の学習を最優先させた。

要約が終われば，あとは各自が自由に書き進めた。記念館のリーフレットをはじめ，持ち寄ったインターネットの図版を切り貼りし，そこに自分のコメントを記していく作業は楽しいらしい。下位の子どもも黙々と進めていて，終わりのチャイムが鳴ると，「もう１時間ください。」と催促する声が聞かれた。

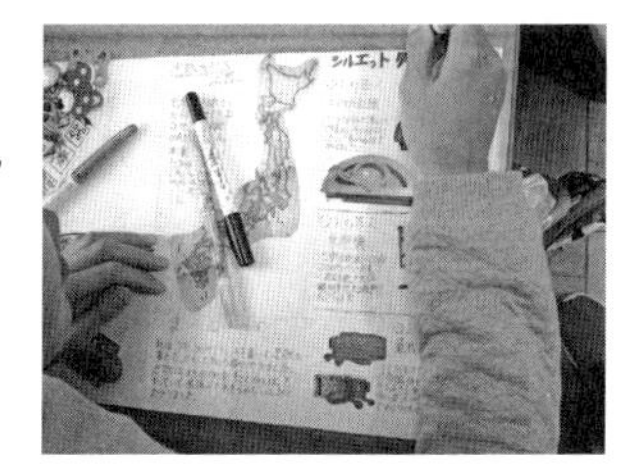

切り貼りをしながら作業を進めるＤ児

出来上がったリーフレットを終わった子ども同士で交換して，感想を付箋に書いて貼らせた。よく書けているところをほめ合うことで，教室内に和やかな空気が流れた。

この授業…

ここがポイント

1　複数のテキストを読み比べ，批判的に読む

様々な情報が氾濫する現代社会にあっては，目の前に提示された情報や表現された内容をただ理解し，無批判に受け入れることだけを求めるわけにはいかない。むしろそうした読み方，受け入れ方は危険ですらある。情報の真偽を含めて，テキスト全体を多角的に検討し，論理的，客観的に正しく判断して，理解する力が求められている。批判的思考力（クリティカル・シンキング）の育成は，発達段階に応じて積極的に取り入れていくことが望まれるだろう。本実践においては，複数の伝記を読み比べ，その違いを確認した上で，自らの作品作りに反映させている。こうした批判的な読み方の蓄積が主体的な判断力を養っていくものと思われる。

2　制約のある紙面での表現を工夫する

リーフレットという一定の制約のある紙面において，わかりやすく，見やすく表現するためには，様々に工夫することが必要となる。提示する内容の取捨選択，文章表現の検討，見出しやレイアウトの工夫など，多様な条件を考慮して創作していかなければならない。その一つ一つの過程は，子どもたちの思考力，判断力を大いに刺激することになる。完成した作品は，一人一人の子どもが大変意欲的に取り組んでいた様子がうかがえるものとなっている。

16

さくらももこ風エッセイを書こう

教材

「薫風」「迷う」（教出），さくらももこのエッセイ集

単元の目標

【書くこと】

・さくらももこのエッセイを読むことを通して，作者の書きぶりを分析したり，豊かな表現に触れたりして，さくらももこ風エッセイを書くことができる。

1 単元について

●単元における書き換え活動と付けたい力

本単元は，さくらももこのエッセイや教師の書いたさくらももこ風（以下ⓢ風）モデルエッセイを読んで分析することを通して，作者のものの見方や考え方，感じ方や豊かな個性ある表現方法を学び，ⓢ風オリジナルエッセイを書くという言語活動を行う。

この言語活動を通して，主に「B　書くこと」（1）「イ　自分の考えを明確に表現するため，文章全体の構成を考えること」に示された文章の構成を考える力や読み手を意識した豊かな表現力を身に付けさせようとしている。これまで書いた文章の様式をⓢ風エッセイの様式に転換する書き換えの操作に必要な能力を育てるものである。

さくらももこの作品は，取り上げるテーマが身近で表現も共感を得やすい。しかも3部構成から成る小論文の要素も持っている。児童は，テーマや表現，論の進め方に触発されエッセイを書きたいという気持ちを強く持つだろう。能動的な取り組みが始まり，身近な生活の中からテーマを発見したり，論の進め方や効果的な表現を真似たりしながら，さくらももこのエッセイを自分のエッセイの中に生かして書くことができると考える。

作者のテーマ，構成，表現に合わせた形でオリジナルのエッセイに書き換えるために，①教師のモデルとさくらももこのエッセイを読み比べてⓢ風の表現に着目する，②どのようなテーマがⓢ風になるか考える，③ⓢ風エッセイの文章構成を踏まえてイメージマップを作成し発想を広げる，の3点をポイントに書き換えを行う。また，書き換え活動を効果的にするために，単元に入る前から事前読書や並行読書を行ったり（工夫①），編集会議を設定したり（工夫②）するなどの手立てを講じる。

●全国学力・学習状況調査との関わり

20年度　B問題②　設問三

同一作者（椋鳩十）の作品の比べ読みを行い，表現を問う問題である。二つの作品の表現方法の違いを見つけ，その違いを条件に合わせて説明する力が必要となる。

この力を付けるための書き換え活動

本単元では，作者の書きぶり，表現を活かしてオリジナルのエッセイに書き換えるという目的のもと，同一作者の複数の作品の比べ読みをすることで，表現方法の共通点や相違点に着目させることができる。

2 単元の学習プロセス（11時間）

つかむ

モデルから学習課題をつかみ見通しを持つ力

●さくらももこ風エッセイを書くという学習課題をつかみ，学習計画を立てよう。（１時間）
・さくらももこ風に書いたエッセイの教師モデルを見て，これから書くエッセイのイメージを持つ。
・作者の特徴を活かしてオリジナルのエッセイに書き換えるには，どのような学習をすればよいか考え，学習計画を立てる。

教師のモデル

(1)

書き換える

①さくらももこのエッセイから，作者の書きぶり，豊かな表現の工夫を読み取る力

●さくらももこ風エッセイを書くために，さくらももこ風に書くコツを見つけよう。（３時間）
①コツを見つける。
・教師のエッセイとさくらももこのエッセイを読み比べて，さくらももこ風であると感じる共通点を考える。
②コツをまとめる。
・テーマ
・表現の仕方
擬音語，擬態語の多用
オーバーな比喩表現
独特の文末表現
・構成

ポイント❶ 表現に着目する

ポイント❷ テーマに着目する

②さくらももこ風に書くコツを読み取ったことを活かして，エッセイを書く力

●さくらももこ風に書くコツをおさえて，さくらももこ風エッセイを書こう。（６時間）
①テーマを決める。
イメージマップを使い，そのテーマについて，さくらももこ風のエピソードがあるのか考えて決める。
②エッセイの発想を広げる。
冒頭・エピソード・オチに分けてイメージマップを書く。
③イメージマップを見合い，より，さくらももこ風になるように編集会議で助言し合う。
④教師モデルのイメージマップを見て，どのようにエッセイにしていくのかを知る。
⑤イメージマップを見ながら，冒頭・エピソード・オチに分けて下書きし，清書する。

ポイント❸ 構成に着目する

工夫② 編集会議を行う

(9)

振り返る

書き換えの観点から互いの作品の面白さを読み取る力

●さくらももこ風に書くコツをおさえている箇所や身に付いた力，今後に活かしたいことをまとめ，学習の振り返りをする。（１時間）
・学年で交流し，ももこ風になっている箇所や面白さを友達同士で伝え合う。
・一人一人，エッセイを書くコツをまとめる。

(1)

事　後

・今回の学習を生かし，日記帳などにさくらももこ風に書く活動を進める。

工夫① 事前読書・並行読書でさくらももこの作品に多く触れる（さくらももこ風のポイント，言葉集めなど）

3 教師の書き換えモデルと書き換えのポイント

教師作成のモデルを，ゴールのイメージを持たせる際，さくらももこ風に書くためのポイントを見つける際，イメージマップや下書きを書く際の3回提示した。

プールの授業

㋐夏場限定、しかも夏休み前までだけに行われる授業、そう、それは水泳の授業である。私は水泳の授業が大好きだ。

「お前たちを黒こげに焼いてしまおうか！」と言わんばかりにギランギランと輝く太陽の下で冷たい水に入った時の気持ちよさはほかのなにものにもかえられない。そして、ほかの学年が暑い中、授業を受けているのに、自分は水の中にいるということを考えると自分がとても得をしている気になるのである。

㋑次の日に水泳の授業があるときにはいつもは絶対にしないのに、水泳の道具の準備を家に帰ってすぐにする。それも、にやにやしながら何度もするのである。母は

「にやにやして気持ちが悪い！　早く宿題をやりなさい！」と怒鳴ってくる。まったく、子どもの気持ちのわからない母親には困ったものである。

新しいゴーグルを買ってもらったときのこと、私はいつも通り水泳の準備をにやけながらしていた。しかも、新しいゴーグルのつけ心地を確かめるために水泳帽子とゴーグルをかぶって鏡の前で自分の姿を入念にチェックした。チェックしながら鏡の前でクロールのまねなどをしていたのだから、その姿は実に不気味だったであろう。

㋒そして次の日、水泳の授業のために水着に着替え、新しいゴーグルをつけようとした瞬間、

「ない……。」とんだ大失態である。私はゴーグルと帽子を家の鏡の前においてきてしまったのである。結局その日は泣く泣く水泳の授業を見学することとなった。その悔しさたるや、大好きだったドラマ「花より男子」の最終回を一〇分見逃した時に匹敵するものであった。

今年ももうすぐ水泳の授業が始まる。私の大好きな授業である。今年は絶対に見学などしてたまるものか。誰よりもプールではしゃいでやるのだ。

書き換えのポイント❶

表現に着目する

さくらももこのエッセイにでてくるユニークな表現の仕方や文章構成，文体に気づかせる。（教師モデル傍線部分）

書き換えのポイント❷

テーマに着目する

どのようなテーマがさくらももこ風のエッセイに多いか気づかせるために，テーマに着目して読み，日常的な話題や失敗談など話し合いながらテーマを共有していく。

書き換えのポイント❸

構成に着目する

さくらももこのエッセイの構成に着目し，冒頭（㋐），エピソード（㋑），オチ（㋒）という構成になっていることに気づかせる。

4 子どもの作品と考察

書き換えのポイント❶

さくらももこらしいオーバーな比喩表現《スパイの一員になったようなものだ》，擬音語・擬態語《ドシャドシャ》《ボカッ》《チラチラ》《ギランギラン》，登場人物《母，父，家族》を「ももの木」としてまとめたことで，特徴が整理され，理解にも役立った。

下は，Ｂ児の作品の抜粋である。傍線部分は，さくらももこ風な表現を意識して書かれている。

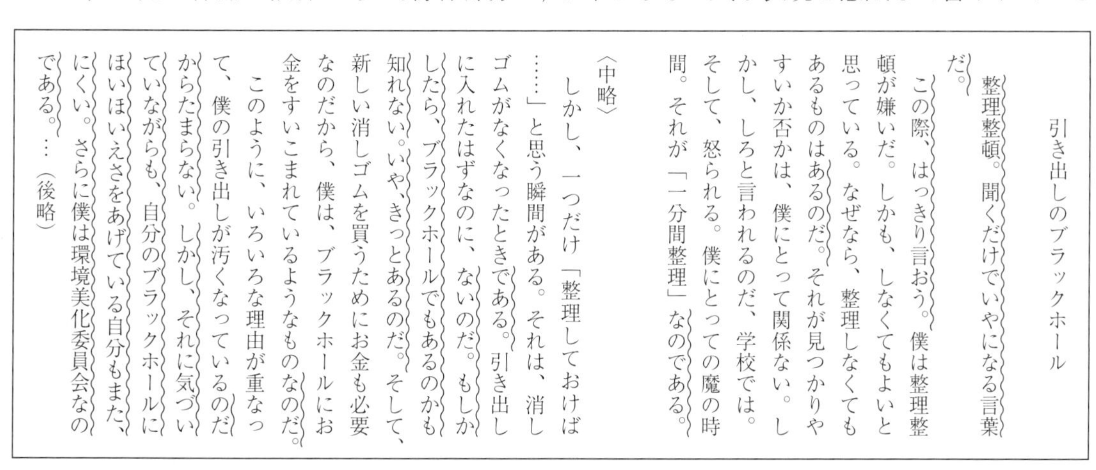
引き出しのブラックホール

整理整頓。聞くだけでいやになる言葉だ。

この際、はっきり言おう。僕は整理整頓が嫌いだ。しかも、しなくてもよいと思っている。なぜなら、整理しなくてもあるものはあるのだ。それが見つかりやすいか否かは、僕にとって関係ない。しかし、しろと言われるのだ、学校では。そして、怒られる。僕にとっての魔の時間。それが「一分間整理」なのである。

〈中略〉

しかし、一つだけ「整理しておけば……」と思う瞬間がある。それは、消しゴムがなくなったときである。引き出しに入れたはずなのに、ないのだ。もしかしたら、ブラックホールでもあるのかも知れない。いや、きっとあるのだ。そして、新しい消しゴムを買うためにお金も必要なのだから、僕は、ブラックホールにお金をすいこまれているようなものなのだ。

このように、いろいろな理由が重なって、僕の引き出しが汚くなっているのだからたまらない。しかし、それに気づいていながらも、自分のブラックホールにほいほいえさをあげている自分もまた、にくい。さらに僕は環境美化委員会なのである。…（後略）

書き換えのポイント❷

さくらももこのエッセイのテーマを分析し，どのようなテーマがエッセイにふさわしいかを話し合いながらまとめていったところ，自分の好きなことや嫌いなこと，家族や兄弟のけんかの話，本を探してもないなどの失敗談が多いということがわかった。児童の日常から想像しやすいテーマが多く，「あっ，そんなこと，私にもあった」と，自分と重ね合わせるうちに，自分らしいテーマを決定することができた。

書き換えのポイント❸

エッセイ集や教師モデルから，冒頭，エピソード，オチの３部構成になっていることを多くの児童が読み取ることができた。そこで，自分の作品を作る際には，イメージマップを活用しながら，この３部構成で考えることにした。難しいと思えたオチの部分も，さくらももこのエッセイの表現方法を真似ることで，結論としての位置づけが形成された。

イメージマップにより，Ａ児は次のように構成を決めていった。

《冒頭》　ハリーポッターが好きだ→全冊買いそろえよう

《エピソード》　本屋だと高い（大人でいう家を買うようなもの）→残念，買えない→たまたま古本屋へ→105円という激安価格→これで買える

《オチ》　しかし！最後の２冊がない→天国から地獄へ突き落とされた……

5 書き換え活動を効果的にする工夫

工夫① 事前読書・並行読書をする

単元に入る前からさくらももこのエッセイを数多く集め，教室に置いたり教師が読み聞かせたりして，子どもが興味を持って読み進める環境を整えた。「エッセイストカード」には，読んださくらももこのエッセイの情報を，「(テーマ）こたつ：寒い日の思い出。(エピソード）こたつが好き。まる子と母だけが口の悪いけんかをした。(オチ）結局母が怒るのはいつものことだからみんな気にしてない。」などと書きためていった。このようにして，数多くのさくらももこのエッセイを読み重ねていくうちに，テーマや登場人物，構成など，さくらももこらしい表現に目が向くようになり，「○○○のだ」「○○なのである」などの語尾表現，「まるで～のごとく」などのオーバーな比喩表現，「この際，はっきり言おう」「いや，○○○のだ」などの強気の表現など，子どもは様々な特徴をあげて，さくらももこ風の表現に慣れ親しんでいく様子が見られた。そして，これまで書いてきた文章と比較し，開放的で魅力的な文章を自分も書きたいという思いがあふれてきた。

工夫② 編集会議を行う

文章にする前に，イメージマップに構想を書いた時点で編集会議を行うことで，よりさくらももこ風のエッセイに近づけた。イメージマップを見せ合いながら，さくらももこ風に書くコツである擬音語，擬態語，比喩などが入っているか，オチはどのようになっているのかについてアドバイスをし合った。「擬音語の音はこんな感じだったんじゃない？」「比喩は，もっとオーバーにした方がいいと思う」などと，積極的に意見を出し合いながら編集会議を進めていった。

また，さくらももこ風に書くコツを集めた「ももの木」の掲示物を見ながら編集会議を進めることで確認を取りやすくなり，編集会議がスムーズに進んだ。

編集会議の進め方

司会　これから編集会議を始めます。よりさくらももこ風のエッセイが書けるよう，みんなで協力して話し合いましょう。よろしくお願いします。
班員　よろしくお願いします。
司会　まず，お互いのイメージマップを読み合いましょう。ももこポイントだなと思ったところには赤鉛筆で◎を，「こんな表現もあるよ」というところには☆をつけ，自分の表現を書き加えましょう。
※読んだら，時計回りに渡していく。
司会　読み終わりましたか。では，最初に○○さんのイメージマップについて話し合います。○○さんのイメージマップでよいと思ったところを発表してください。
班員　はい
司会　□□さんお願いします。
班員　私は○○さんの「　　　」というたとえがとてもよいと思いました。
司会　ありがとうございます。
班員　はい。
司会　△△さんお願いします。
班員　私は○○さんの「　　　」という効果音が面白いと思いました。
司会　ありがとうございます。
※発表する人がいなくなるまで繰り返す。
司会　次に○○さんのイメージマップでもっとさくらももこらしいたとえや効果音を思いつく人はいませんか。
司会　では，私が発表します。
(全員が終わるまで続ける)

6 子どもの学びの姿

さくらももこのエッセイの表現，テーマ，構成に着目することで読みの観点が明確になり，多くの子どもはこれまで自分が書いてきた文章とこのエッセイを比較しながら読み進めていた。『ももこのいきもの図鑑』を手にした二人は，「ゴキブリに『死にもの狂いで努力していただきたい』だって！　これ，使って書きたい」「私は，カメの話。『こうして私の“わくわく”は終わったのだ。』っていうところ。金魚すくいのエッセイの中で使おう」などと，話していた。最後にオチがくる構成，身近なテーマ，オーバーな表現を自分の作品の中に活かしていこうと，見通しを持って読み進めていたと言える。日頃の楽しみ読書と比べると，多くの子どもが学習のイメージを明確に持った上で，書くことを楽しみながらより主体的な読み方をしていた。

また，構成を決める際にイメージマップを活用したことは，エッセイの全体像を理解した上で文章を書くことに役立った。書くことが苦手な子どもでも，文章を書き出す前にイメージマップで内容を整理しておくことで書く内容が頭に浮かんでくるので，自力でどんどん文章にしていった。イメージマップは教師が子どもの考えをつかむ際にも大いに役立ち，細やかな個別指導が可能となった。さらに，編集会議では，「自分の作品を読んでもらいたい」「友達の作品も読みたい」という声が聞かれ，作品を完成させるまでの書く意欲の持続にも大いに役立った。

ここでの学びは卒業文集を書く際にも見られ，本単元で学習した構成を使って文章を書いている児童が多く，習得した力を生活の中においても活用している姿が見られた。

この授業…

ここがポイント

1　作者の独特な表現に着目する

随筆の学習は，物語等に比べると子どもたちにとってはなじみの薄いものである。本実践では，子どもたちに親しみやすいであろうさくらももこの作品を取り上げている。まず，作品を読み，何が面白いのかを考えさせている。第一にあげられるのはその表現方法である。作者らしい比喩表現，あちこちに散りばめられている擬音語や擬態語，登場人物等を整理することで，子どもたちが意欲的に随筆を書きたいという気持ちが高まっていき，課題に向かって主体的に学ぶ学習への一助となっている。

2　随筆の構成に着目する

子ども達に随筆を書かせると，自分の気持ちをだらだらと書き連ねがちである。本実践では，作者の随筆が，全体の構成を考えることによって，わかりやすく親しみやすい随筆となっていることに気づかせている。「冒頭」の部分では，まず自分が書きたいテーマについて触れ，次の「エピソード」の部分では，なるべく具体的な出来事を書かせ，最後の「オチ」の部分では，思わず読者が笑ってしまうような内容となっている。構成を理解させるのは難しいが，数多くのさくらももこの随筆を読み重ねていきながらそれを子ども達に気づかせており，さくらももこらしい表現を取り入れながら，自分達の作品が仕上げられている。

17

インタビュー記事を書こう

教材

「プロフェッショナルたち」（東書）

単元の目標

【読むこと】

・ルポルタージュの文章をプロフェッショナルへのインタビュー記事に書き換えることを通して，プロフェッショナルの要件を明らかにするために事実や思いを読み取り，自分の経験と関係づけて読むことができる。

物語文

説明文

伝記

随筆

1 単元について

●単元における書き換え活動と付けたい力

本単元では，プロの生き方に触れ感動したことや共感したことをもとに自分の考えるプロフェッショナルとは何かを伝えるために「プロフェッショナルたち」を読む。しかし，プロの生き方をただ読むだけでは自分の考えを持つことは難しい。そこで，「対談」という形でその人になりきって読み，「インタビュー記事」に書き換える言語活動を行うことにした。インタビュー記事に書き換えるためには，インタビュアーとプロフェッショナルのそれぞれの思いを整理していかなくてはいけない。そのためにインタビューに必要な観点を決め，その観点で読み進めていく。自分の考えを持つためには，事実からなぜ成功したのか，どんな努力をしたのか，どうして挫折を乗り越えられたのかなど，様々な角度からその人を見つめるということが必要である。また，自分の知識や経験と関連づけながら読むことでもある。これらの読み方を通してプロフェッショナルに対する自分の考えを明確にし，最後は編集後記としてまとめていく。これは学習指導要領の「C　読むこと」（1）「ウ　目的に応じて，文章の内容を的確に押さえて要旨をとらえたり，事実と感想，意見などとの関係を押さえ，自分の考えを明確にしながら読んだりすること」に関する能力を付けさせようとしている。

インタビュー記事に書き換えるために，①インタビューに必要な五つの観点から読む，②自分の経験と結びつけて読む，の２点がポイントとなる。そのような読み方を通して，文章表現の一つ一つに注目したり，事実や思いを読み取る力を付けることができるだろう。また，書き換えをより効果的にするために，プロフェッショナルについて書かれた本や文章を多読したり（工夫①），読みの観点を与えるワークシートを使ったり（工夫②）するなど手立てを工夫した。

●全国学力・学習状況調査との関わり

24年度　B問題3　設問二・三・四

雑誌の中から陸上競技について書かれた記事を探して読む問題である。目的に応じ複数の記事を結びつけながら読む力や，編集者の意図を読み取る力が必要となる。

この力を付けるための書き換え活動

複数のプロフェッショナルの文章を多面的な観点で読み，自分の考えるプロフェッショナルを伝えるために意図的にインタビュー記事に書き換える。

2 単元の学習プロセス（８時間）

つかむ

教師モデルから学習課題をつかみ、自分の考えを表現できる教材を選ぶ力

●自分の考えるプロフェッショナルとは何かを伝えるインタビュー記事と編集後記を書くことを知り，プロフェッショナルの文章を読もう。（２時間）
- 自分の考えを持つ手がかりとしてインタビュー記事に書き換え，プロの思いに迫ることを理解する。
- 教師モデルを分析し，インタビュー記事の書き方を理解する。
- 教科書教材を読んで，三つの中から書き換えたい文章を選ぶ。

工夫①
プロフェッショナルの文章を多読する

⑵

書き換える

インタビュー記事に書き換えるための読み取りを行う力

●インタビュー記事に書き換えるため，選んだ文章を分析しよう。（２時間）

①プロがどんな思いで，その仕事を続けたのか五つの観点で読む。
→①人物紹介　②きっかけ　③つらかったこと　④乗り越えられた理由　⑤今の仕事について考えること

②文章を事実・思いに分けて要約し，自分の経験と関連づけてまとめる。

ポイント❶
五つの観点で読む

工夫②
読みの観点を整理するワークシート

ポイント❷
自分の経験と結びつけて読む

●プロフェッショナルとは何かを書くためにインタビュー記事を書こう。（２時間）

①読み手を引きつけるような構成にし，書き方に気をつけながらインタビュー記事に書き換える。

⑷

まとめる

複数の文書から自分の伝えたいことを引用し、まとめる力

●「自分が考えるプロフェッショナルとは」を書こう。（２時間）
- インタビュー記事を引用し，自分が考える「プロフェッショナル」の編集後記を書く。
- 編集後記を読み合い，自分の考えを広げたり，深めたりする。

⑵

発展

- 職業に関するものや哲学の本の多読につなげる。
- 総合的な学習の時間「キャリア教育」につなげる。

職業に関する本の並行読書

3 教師の書き換えモデルと書き換えのポイント

教師のモデル

書き換えのポイント①である五つの観点を盛り込んだ教師モデルを作成し，提示した。

海獣医師
勝俣 悦子

Ⓐ 千葉県にある水族館に勤める海獣医師。イルカの人工授精に日本で初めて成功した。この世界のパイオニアの一人。そんな勝俣医師のプロフェッショナルとは…

教科書 p.193 写真

室　早速ですが，この仕事につこうと思ったきっかけは

勝　そうですね，子供のころから動物は好きでした。将来は獣医師になりたいと大学に進んだのですが，二十歳の時に愛くるしいイルカを写した写真に目を奪われとりこになりました。卒業後は水族館に頼みこみ，海獣医師として働き始めました。

室　イルカの写真がきっかけとは面白いですね。この仕事を行っていくうえでつらかった経験はありますか？

勝　私が海獣医師になって十年目の冬でした。シャチのカレンが体調を崩し私はいつもの感染症と診断し，軽い投薬を始めした。しかし，良くなったり悪くなったりで原因はわかりませんでした。迷いの中でそのままの治療を続けたが，四ケ月後，カレンの様態は急変し，手をほどこす間もなくカレンは息を引き取りました。良くなっているというあまい希望が必要な治療を遅らせ，手遅れになったのだと思います。

教科書 p.194 写真

手術を行う勝俣医師

室　それはつらい体験でしたね。Ⓒ私もペットのウサギを亡くして落ち込みました。しばらくは立ち直れないかったのではないですか？

勝　落ち込んでいるひまはなかったですね。その後セイウチのムックが感染症におかされてしまいました。きばから細菌が入り化のうしていたのです。きばを抜かなくては死んでしまうのですが，これまでにセイウチのきばをぬく手術は日本で行われた例はありませんでした。Ⓑ迷う私の脳裏に浮かんだのは死んだカレンのことでした。迷っている場合ではないと思いましたね。

教師のモデル（一部）

書き換えのポイント❶

五つの観点で読む

「①人物紹介，②きっかけ，③つらかったこと，④乗り越えられた理由，⑤今の仕事について考えること」の観点で読ませることで，インタビュー記事への書き換えが容易になる。「①人物紹介」の観点で読んだことは，本文の冒頭部分にまとめている（Ⓐ）。②～⑤の観点で読んだことは，インタビュー記事の質問とその答えの形に書き換えている。モデルの始めの場面では，②の観点で読み取ったことをインタビュアー：室が，「早速ですが，この仕事につこうと思ったきっかけは？」と尋ね，それに対してプロフェッショナル：勝（勝俣）は，「そうですね，子供のころから動物は好きでした……」と答えている。また，Ⓑの部分では，「次は失敗できない」という勝俣さんの思いを読み取ってインタビュー記事に書き換えている。どんな質問をし，どんなふうに答えるのかなど，インタビューの展開をイメージさせながら読ませる（読む能力の明確化）ことが大切である。

書き換えのポイント❷

自分の経験と結びつけて読む

教師モデルでは，勝俣さんがシャチのカレンを失った悲しみをただ「悲しい」と終わらせず，自分のペットが亡くなったときの経験と結びつけて読み，「私もペットのウサギを亡くして落ち込みました。」と書き加えている（Ⓒ）。また，編集後記は様々なプロフェッショナルの考えを自分の経験と結びつけて読み，「自分の考えるプロフェッショナルとは」を見つけていく。

4 子どもの作品と考察

書き換えのポイント❶

児童ＡもＢも文章を能動的に読むことで，プロフェッショナルになりきってインタビュー記事に書き換えている。児童Ａは，つらかった新幹線の仕事を知っていながらあえて「楽しかったですよね？」とプロフェッショナルの苦労を引き出させるような工夫をしている。またそれに対して，前頁に書いた読みの観点③の「つらかったこと」を，実際に経験したように書いているのがわかる。

児童Ｂも華やかな仕事を紹介しながらも，今のプロになるきっかけとなる苦労を聞き出していることがわかる。様々な観点で読むことでインタビュアーとプロフェッショナルの思考をそれぞれ整理し，インタビュー全体の流れをイメージすることができている。

書き換えポイント❷

プロフェッショナルの経験談にある，ケーキを買ってきてもらい，それが「夢の世界からの贈り物」と表現しているのに対して，児童Ｂは「すごくわかります！」だけでは終わらせず，「私もケーキを食べるときはそんなかんじです」と自分の経験と結びつけて読めていることがわかる。

【インタビュー記事】

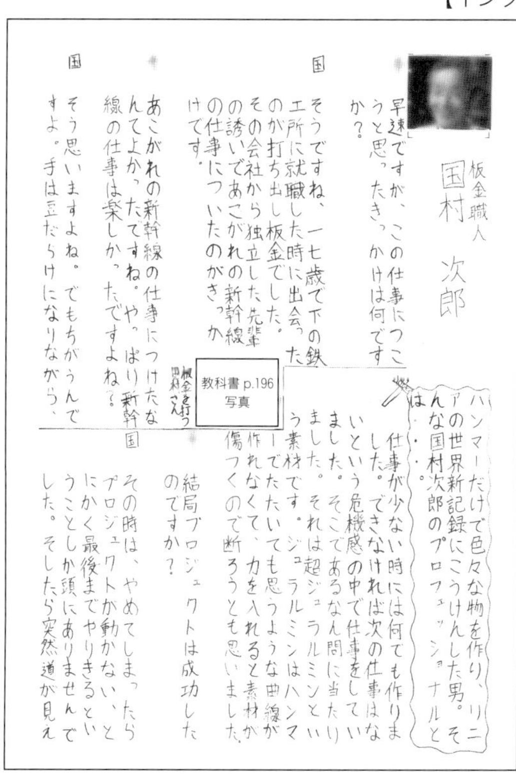

児童Ａの作品

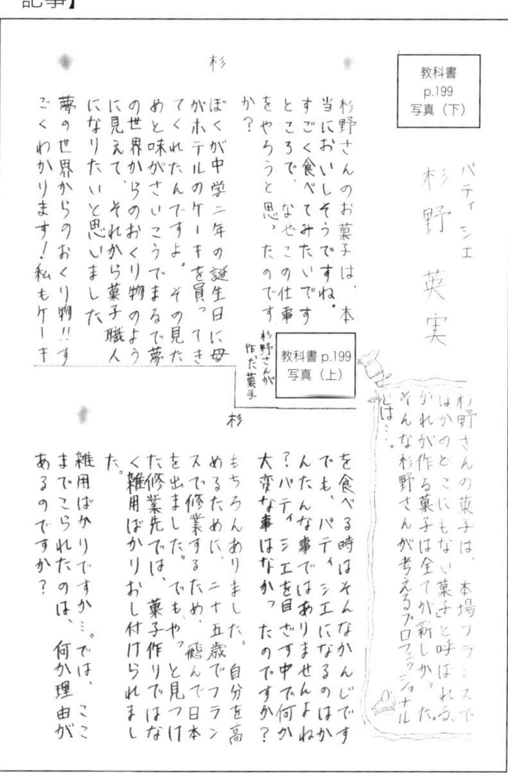

児童Ｂの作品

5 書き換え活動を効果的にする工夫

工夫① プロフェッショナルの文章を多読する

インタビュー記事に書き換えさせるためには，その人になりきって読むことが大切である。つまり，今までの自分の経験から共感できる文章の方が書きやすい。そこで，教科書の三つの文章の他にもNHKの「プロフェッショナル　仕事の流儀」の文章を並行読書教材として提示し，プロフェッショナルに寄り添って読むことを経験させた。文章の中には偉業の他にも困難や挫折などが書かれている。どうしても子どもは偉業にばかり目に行きがちだが，いろいろな経験を経て今のプロになったということが多読を通してわかる。このような読み方を通してプロフェッショナルの気持ちを豊かに想像したり，読んだりして自分の考えを持つことにつながる。

工夫② 読みの観点ごとに事実や思いを整理するワークシート

ワークシートには，プロフェッショナルと自分の二つの視点で書いていく。プロフェッショナルの視点で五つの読みの観点（①人物紹介，②きっかけ，③つらかったこと，④乗り越えられた理由，⑤今の仕事について考えること）の事実や思いを読み手がわかるよう整理してまとめていく。そのような事実や思いを受け，自分の考えや思いを自分の経験と照らし合わせて，まとめていく（プリント下段）。考えは主に「共感」「感動」「疑問」「発見」の観点で書かせていく。こうすることで上段は，プロフェッショナルの記事に，下段はインタビュアー（自分）の記事になる。

インタビュー記事を書こう
～取材メモ～

	①	②	③	④
観点	人物紹介	きっかけ	つらかったこと	乗り越えられた理由
上段	海獣医師 千葉県の水族館に勤める イルカの人工授精に初めて成功	大学時代は獣医師になりたい 二十歳のときにイルカを写した写真を見て今の仕事がしたいと思い、水族館に頼みこんだ。 なんとしても海獣医師になりたい。	海獣医師になって十年目。 冬におきたシャチのカレンの死。 どうやって治療するのか迷ってしまい、処置が遅れてしまった。 自分のせいで死んでしまったのではないか。	セイウチのムックが病気になり、今までにやったことのない手術をしないと助からないことがわかった。
下段		今はそんなに夢がないので、なりたいものがある勝俣さんはすごい。	自分もペットを失ったので悲しみがよくわかる。	自分だったら怖くてできないかもしれない。

6 子どもの学びの姿

五つの観点で読む場面では，始めはプロフェッショナルの行ったこと（偉業）しか読み取れなかった児童Cは，最後はプロフェッショナルの苦労や努力，生き方に共感することができた。理由として，ワークシートを使って観点の④「乗り越えられた理由」をプロフェッショナルの視点で読み取ることで，共感し，プロフェッショナルの気持ちに迫ることができたので，自分の考えを持てるようになったからだと考えられる。

児童Dは，インタビュー記事に書き換える際，ただ，読みの観点を羅列して書くのではなく，記者（自分）が相手の考えを代弁したり，誘い出すような書き方をしたりすることでプロフェッショナルの思いをリアルにまとめていた。

編集後記では，学習の苦手な児童Eも「今回の取材を通して僕は，国村さんの諦めないで最後までやり通す心にびっくりした。―（中略）―僕が考えるプロフェッショナルとは，自分との戦いだと思う。僕はすぐに勉強が嫌いなので諦めてしまう。それを諦めないで最後までやり通すことで少しでも国村さんに近づけると思う」とプロフェッショナルの思いと自分の経験を照らし合わせて読み取れたことがわかった。

子ども達は教師のモデルからどのような活動をするのかすぐに理解した。プロフェッショナルの文章はノンフィクション作品ということもあり，普段読書をしない子も意欲的に読んでいた。多くのプロフェッショナルに触れることで今後の自分の生き方について考える子どももいた。

この授業…

ここがポイント

1 「プロフェッショナル」の文章を多読する

コラムを読んで感動することも大切だが，それだけでなくプロの生き方に対する自分の考えを持つことが大切である。そのために，本実践では，様々なプロのコラムを多面的に読ませ，書かれている事実からその人がどのような思いだったのかを考えさせている。更にインタビュー記事への書き換えを意識し，今までの自分の経験から共感できる文章を見つけさせている。その過程を経ることにより，プロの生き方を理解したインタビューの記事が出来上っていく。自分が尊敬できるプロを見つけることも大切であろう。

2 効果的なワークシート（取材メモ）を活用する

インタビューする場合は，何が聞きたいのかを明確にする必要がある。中心となる質問の答えを円滑に引き出すための工夫が大切である。そのためには全体の構成をしっかりと把握しておかなくてはいけない。本実践では，それぞれの項目を設定し，それに対して相手の立場に立って書くことを要求している。そうすることによって，インタビューの構成が理解しやすくなると同時に，プロについての理解がより深まることにもなっている。自分の考えを伝えるために必要な箇所をまとめ編集する力を付けるという点において適切な言語活動であろう。

18

「きつねの窓」の魅力をテレビ番組で伝えよう

教材

「きつねの窓」（教出）

単元の目標

【読むこと】

・「きつねの窓」の物語としての魅力を読み取り，放送台本に書き換える活動を通して，優れた叙述について自分の考えをまとめることができる。

1 単元について

●単元における書き換え活動と付けたい力

本単元は，「きつねの窓」の魅力，例えば登場人物相互の関係の変化，主題にもつながる窓の設定，色を中心とした優れた叙述を読み取り，「『きつねの窓』の魅力を語る」というテレビ番組の放送台本に書き換える言語活動を行う。

この言語活動を通して物語の優れた叙述について，自分の考えをまとめる力を身に付けさせたい。これは，「C　読むこと」（1）「エ　登場人物の相互関係や心情，場面についての描写をとらえ，優れた叙述について自分の考えをまとめること」に関する能力にあたる。

物語の魅力を伝えるということは，叙述のよいところをそのまま伝えるだけではなく，その叙述のどこに人を引きつける魅力があるのかということに言及しなければいけない。放送台本は，伝えるという行為を明確に意識することができる文体であり，子どもは伝える相手を強く意識する。相手に優れた叙述の持つ魅力を伝えたいという思いは，物語の魅力がどこにあり，叙述のどこが魅力をもたらすものなのかを探究するために，物語をより深く読むことにつながると考えた。

物語の魅力を伝える放送台本に書き換える上で，①心情の変化の魅力を伝えるために，登場人物そのものに語らせる形式の台本にする，②優れた描写の魅力を伝えるために，その叙述を答えとするクイズ形式の台本にする，③ファンタジーの構成の魅力を伝えるために，物語の状況の推移を実況しているように語る形式の台本にする，の３点をポイントに書き換えを行う。また，書き換えを効果的にするために，教師が作成した台本を読ませたり（工夫①），共通の話題について自分の読みを深め，自分の考えをより良く表現するために交流する時間を設定したり（工夫②）するなどの手立てを行う。

●全国学力・学習状況調査との関わり

25年度　B問題3　設問一

「ごんぎつね」の２人の推薦文を読み，該当する内容を適切に取り出す。２人の本の選び方や読み方の着眼点の違いを考える問題である。

この力を付けるための書き換え活動

本単元では，魅力について本文から根拠となる事柄を取り上げて述べさせていく。また，それぞれの魅力について完成した番組を交流することで，読み方の違いに気づく学習を設定する。

2 単元の学習プロセス（13時間）

つかむ

学習課題をつかみ、単元の見通しを持つ力

(1)

●「『きつねの窓』の魅力を語る」というテレビ番組を作るという学習課題と学習計画を知ろう。（1時間）

・物語文の既習をもとに，「きつねの窓」の魅力を考える。

・教師が作ったテレビ番組を視聴する。

・学習の計画を立て，これからの見通しを持つ。

教師のモデル

工夫①
教師の作成した台本を読ませる

書き換える

「きつねの窓」の魅力を伝える番組の放送台本を書くために、「きつねの窓」の魅力について既習の読む能力を使って、自分の考えを持つ力

(11)

●「きつねの窓」の窓の魅力について初発の感想をもとに深め，窓の魅力を伝える番組の放送台本を書こう。（5時間）

①窓に映るものを考えながら，窓の設定の魅力について考える。

②自分たちが伝えたいことが伝わりやすい番組形態を考え，放送台本を考える。

③それぞれのグループで作った放送台本を発表し，交流する。

●「きつねの窓」のファンタジーとしての魅力を伝える番組の放送台本を書こう。（6時間）

①「ぼく」と「子ぎつね」の関係の変化や，優れた描写について考える。

②自分たちが伝えたいことが伝わりやすい番組形態を考え，放送台本を考える。

③放送台本をもとに，番組を制作する。

工夫②
自分の読みを深め，自分の考えをよりよく表現するための交流

ポイント❶
登場人物そのものに語らせる

ポイント❷
優れた叙述を答えとするクイズにする

ポイント❸
物語の状況の推移を実況しているように語る

振り返る

書き換えの観点で、台本のよさを認められる力

(1)

●「きつねの窓の魅力を語る」テレビ番組を視聴し，感想を交流しよう。（½時間）

①伝えたいことに合った番組形態になっているかを話し合う。

②物語の文章を活かした台本になっているか話し合う。

●学習を通して身に付けた力について確認する。（½時間）

3 教師の書き換えモデルと書き換えのポイント

本単元は,「きつねの窓」を教材として扱うが,「きつねの窓」のモデルを提示すると,教師が作成したモデルのイメージにとらわれてしまうと考えたので,５年で学習した「雪わたり」の魅力を伝える番組の台本を提示した。自分の伝えたい内容に合った台本を考えさせるために,以下の３種類の書き換えのポイントを示した台本を作成し,伝えたい内容との関連について考え,選択するようにした。

物語文

説明文

伝記

随筆

書き換えのポイント❶

登場人物そのものに語らせる

登場人物の心情の変化,関係性の変化が,物語の魅力の一つになっている。この魅力を伝えるために,登場人物そのものに人物の心情を語らせる方法をモデルとして示した。描写から読み取ったことをもとに,心情の変化を登場人物の言葉として書き換えさせる方法を紹介した。

司会　四郎さんは紺三郎さんにはじめて会ったときどんな印象を持ったのですか。
四郎　はじめは,急にきつねの子が出てきたので,びっくりしましたが,紺三郎さんと歌っているうちに,楽しいきつねだなと思いました。
（後略）

（児童に示した台本の例）

書き換えのポイント❷

優れた叙述を答えとするクイズにする

物語の世界の想像を広げる描写の魅力を伝えるために,印象的な描写をクイズの答えとして,解説という形で自分の考えを述べる書き換えをモデルとして示した。「雪わたり」では,繰り返しの言葉が印象的に使われている。そこで,「解説者：一番印象的なのは,やはり『キックキックトントン』ですね。それ以外にも,『キラキラキラキラ』とか,『ピッカリピッカリ』などたくさん使われています。この繰り返しの言葉は,音読したときにリズムよく読めて楽しいし,様子が容易に想像できますね」という台本を示し,優れた描写を紹介するだけでなく,どのように魅力があるのか,自分の考えを付け加えて書かせる方法を示した。

書き換えのポイント❸

物語の状況の推移を実況しているように語る

ファンタジーは,現実の世界から非現実の世界へ移行していく部分も,魅力の一つである。
その推移の様子を現場にいて実況しているような台本のモデルを示す。「雪わたり」の非現実の世界へ移行する場面では,「どちらを見ても雪が広がっています。その雪も凍って固くなっています。空も雲一つない青空です。本当に１枚の石の板のようです。青と白の対比がはっきりしていて目にまぶしいのです」という台本を示す。教科書の叙述をもとに,非現実の世界へ移行する様子を,自分が物語の世界に入り込んで目の前のことを語るように,言葉を付け加えて書き換えをする方法を示した。

1年
2年
3年
4年
5年
6年

4 子どもの作品と考察

書き換えのポイント❶

登場人物そのものに語らせる書き換えの方法は，人物の心情の変化について読み取ったことをもとに，自分の考えを比較的容易に表現することができる。

児童が書いた台本の一部

司会　「ぼくさんは，はじめ白ぎつねをしとめようとしていましたよね。でも，なぜ自分の鉄砲をお礼に白ぎつねにあげたのですか」

ぼく　「あの窓が，ぼくに本当に大切な人を教えてくれたからです。だから鉄砲よりも価値があると思い，あげました」

ここでは，窓に映るものの意味と鉄砲をあげた理由について，自分の考えを登場人物の言葉として表現することができている。登場人物に語らせるという方法をとることで，自分の考えを，読み手に説得力を持って伝えることができていると考える。

書き換えのポイント❷

児童が書いた台本の一部

司会　「きつねの窓には「青」という言葉は何回出てくるでしょう」

（中略）

解答者「でも，なぜそんなに青が出てくるの？」

解説者「それは，ファンタジーの中の色だからです。なので，青がいっぱい出てきました」

（後略）

ここでは，非現実の世界を象徴する色としての「青」という叙述に着目し，その数の多さから非現実の世界のみに使われる「青」の持つ意味について読み手に考えさせるようにしている。答えとその後の解説への流れがモデルを超えて表現できている。

書き換えのポイント❸

児童が書いた台本の一部

インタビュアー「はい，今，ぼくさんが手を洗ってしまった模様です」

インタビュアー「ぼくさん，そう落ち込まないで，前向きに考えましょう」

ぼく　「そうですね。いつまでも落ち込んでしまってはいけませんね」

解説者　「窓は，最後に消えてしまうことによって，いつまでも，後悔に縛られず，前向きに生きていけるように教えてくれるのだと思います」

（後略）

現実世界に戻る場面をインタビュアーとぼくの対話で実況している台本を書いている。ここでは，窓が消えてしまう意味について学級で話し合ったことをもとにして，自分が考えたことを解説者に語らせている。今この場で話しているような書き換えは，解説で述べられていることが，より説得的に読み手に伝わる効果を出している。

5 書き換え活動を効果的にする工夫

工夫① 教師の作成した台本を読ませる

教師のモデルは，二つの点でモデルとなっている。「物語の魅力を伝える」ということと「台本を書く」ということである。

「物語の魅力を伝える」という点では，・人物の心情の変化・優れた叙述・ファンタジーの構造という三つを物語の魅力としてしぼり，それぞれを話題にして三つの台本を作成しモデルとして示した。物語文で今までに学習してきた内容であり，そこに物語の魅力を感じることは，どの子も素直に受けとめていた。そして，「きつねの窓」を読むときにも，この三つの観点で物語を読み，それぞれの魅力について自分なりに考えを持つことができた。

「台本を書く」という点では，教師の作成した台本を参考にして，自分たちの台本を書いていた。まず，書き換えのポイントとした3通りの台本から，自分たちの伝えたいことに合ったものを選んだ。そして，モデルの台本の設定や書きぶり，魅力とする事柄の取り上げ方を「きつねの窓」で読み取ったことと照らし合わせて，台本を書いていた。

○登場人物の心情の変化を人物そのものに語らせる方法で書かれたモデルと児童の台本

モデル	四郎：	はじめは，急にきつねの子が出てきたので，びっくりしましたが，紺三郎さんと歌っているうちに楽しいきつねだなと思いました。
児童の台本	ぼく：	はい，あげてよかったんです。ぼくはてっぽうはすこしもおしくはありません。なぜならすてきな指を持ったからです。

工夫② 読みを深め，自分の考えをよりよく表現するための交流

交流は，読むことについての交流と，書くことについての交流と2回行った。

読むことの交流としては，一人一人が見つけた窓の魅力を交流する活動を行った。交流を通して自分の考えを広げたり深めたりすることができ，書き換えの際の書く材料として活用することができた。窓の魅力として「『死んだ人』『二度と手に入れられないもの』が見られるようになっていい」と表面的な捉え方しかできなかった子どもが，交流を通して「失ったものが見える切なさがこの窓の魅力」と考えるようになった。

書くことの交流は，台本を完成させる上での編集活動がそれにあたる。まず，自分たちが見つけた魅力を伝えるためにふさわしい書き換えの方法を選択した。

〈子どもの発言から〉

「この物語の魅力は，『ぼく』の窓に映るものを見てからの心情の変化だと思うから，『ぼく』自身が，質問に答えながら自分の気持ちの変化を話していく台本にしたらどうかな」伝えたいことと書き換えの方法を関連させて考えることができた。

6 子どもの学びの姿

6年最後の物語文の学習ということで，6年間のまとめとなる単元である。そこで，「魅力を伝える」という学習に取り組んだ。はじめは学習のイメージが持てなかった児童も，教師が作成した番組を視聴することで，物語の魅力とは何かというイメージが持てたようである。そして，台本を読むことで，もとの文章のどの部分を活かし，どのように自分の考えを入れて文章が書かれているかを理解することができた。魅力を三つの観点にしぼったことで，5年までに培った読む力を活用して，物語が持つ魅力を読み解いていくことに，進んで取り組むことができた。

台本を書く段階では，三つの書き換えのポイントを示したことで，自分が書けそうなものを選ぶことができ，取り組みの意欲づけとなった。書くことが苦手な子どもはクイズを選び，読み取った優れた叙述が答えになるクイズの台本を書くことができた。あるグループは，ファンタジーの構造と「青」という叙述の関係を魅力と考え，クイズの配列や，解答から解説への流れを工夫し，「青」が非現実世界の象徴となる色であることを，わかりやすく，そして聞き手が楽しめる台本を書くことができた。これは，教師の意図を超えたモデルの活用例であり，子どもが持つ可能性を感じることができた。

この授業…

ここがポイント

1　物語の魅力を台本に書いて伝える

高学年で，物語の魅力を伝えるということは，自分が読み取った物語の叙述のよいところをそのまま伝えるのではなく，その叙述のどこにどのような魅力があるのかを自分の言葉として伝えていくことが大切である。本実践では，「きつねの窓」の魅力を台本に書き換えることで，例えば，書き換えポイント①では，登場人物の心情の変化を客観的に読むのではなく，登場人物になりきり自分の思いを語らせることで，より一層登場人物の心の変化を捉えることができるようにしている。また，書き換えポイント②では，描写の魅力をクイズの問題として，答えを解説者に語らせている。子どもは，クイズが大好きである。国語を苦手とする子どもでも，クイズの問題とその答えの根拠となる表現を本文から見つけるという活動は，意欲を高め課題に向かって主体的に学ぶことを支援するものである。

2　書き換えのゴールを明確にする

「テレビ番組で伝えよう」という魅力的なゴールである。子どもは，テレビに映るのが大好きである。では，映るためには，登場人物になったり解説者になったりしなければならない。そのためには「台本を書こう」と，どんどん意欲を高めていくことができる活動である。

執筆者一覧

寺井　正憲	千葉大学	＊第１章
川上　　忠	元船橋市立海神南小学校	＊はじめに

【第２章：実践】（五十音順）

井村多嘉子	船橋市立海神小学校	＊第２章４
大川　孝子	玉川大学	＊第２章16
大森　和彦	市川市立宮久保小学校	＊第２章18
神谷　知子	習志野市立袖ケ浦西小学校	＊第２章８・11
工藤　文子	元峰台小学校	＊第２章５
清藤　真弓	船橋市立古和釜小学校	＊第２章12
竹内　孝彦	船橋市立丸山小学校	＊第２章10・15
土岐　康峰	船橋市立高根小学校	＊第２章３・13
長川　詩野	船橋市立海神南小学校	＊第２章16
根岸　茂美	市川市立冨貴島小学校	＊第２章２
藤木美智代	船橋市立海神南小学校	＊第２章７
室　恵美子	船橋市立市場小学校	＊第２章１
室　正太郎	船橋市立三山東小学校	＊第２章14・17
森田　生美	市川市立南行徳小学校	＊第２章９
渡邉　菜穂	船橋市立古和釜小学校	＊第２章６

【第２章：実践へのコメント】（五十音順）

會津　真子	船橋市立一宮少年自然の家	＊第２章１・２
井村多嘉子	船橋市立海神小学校	＊第２章18
大川　孝子	玉川大学	＊第２章５
島﨑　喜明	船橋市立高根台中学校	＊第２章12・15
関　　郁子	船橋市立飯山満南小学校	＊第２章８・11
瀧川　　理	船橋市立海神南小学校	＊第２章16・17
平林美津枝	船橋市立塚田小学校	＊第２章３・６・13・14
深川　和枝	船橋市立船橋高等学校	＊第２章７・10
松鵜富美子	船橋市立三山小学校	＊第２章４・９

【編著者紹介】

寺井　正憲（てらい　まさのり）

1959年，徳島県生まれ。筑波大学大学院博士課程単位取得満期退学。文教大学講師，筑波大学附属小学校教諭を経て，現在，千葉大学教育学部教授。平成20年小学校学習指導要領解説国語編作成協力者。著書に『語りに学ぶコミュニケーション教育』（明治図書，2007）等。読むことの学習指導，コミュニケーション教育など，国語教育の実践的理論的な研究を行っている。

【著者紹介】

船橋国語教育の会

（ふなばしこくごきょういくのかい）

平成22年の春，船橋市内の有志が会を立ち上げ，平成25年の「全小国研船橋大会」を目指して，「言語活動の充実」に向けた授業実践を積み上げてきた。大会終了後も，全体講師だった千葉大学寺井教授より指導を受けながら，「書き換え学習」を中心とした授業づくりを行っている。

小学校国語科授業アシスト

学習プロセスがよくわかる！
深い学びを実現する書き換え学習の授業づくり

やさしくできて効果的な言語活動

2016年12月初版第１刷刊　©

編著者　寺井正憲

著　者　船橋国語教育の会

発行者　藤原光政

発行所　明治図書出版株式会社

http://www.meijitosho.co.jp

（企画）林　知里（校正）広川淳志

〒114-0023　東京都北区滝野川7-46-1

振替00160-5-151318　電話03(5907)6703

ご注文窓口　電話03(5907)6668

＊検印省略

組版所　長野印刷商工株式会社

Printed in Japan　ISBN978-4-18-249616-5